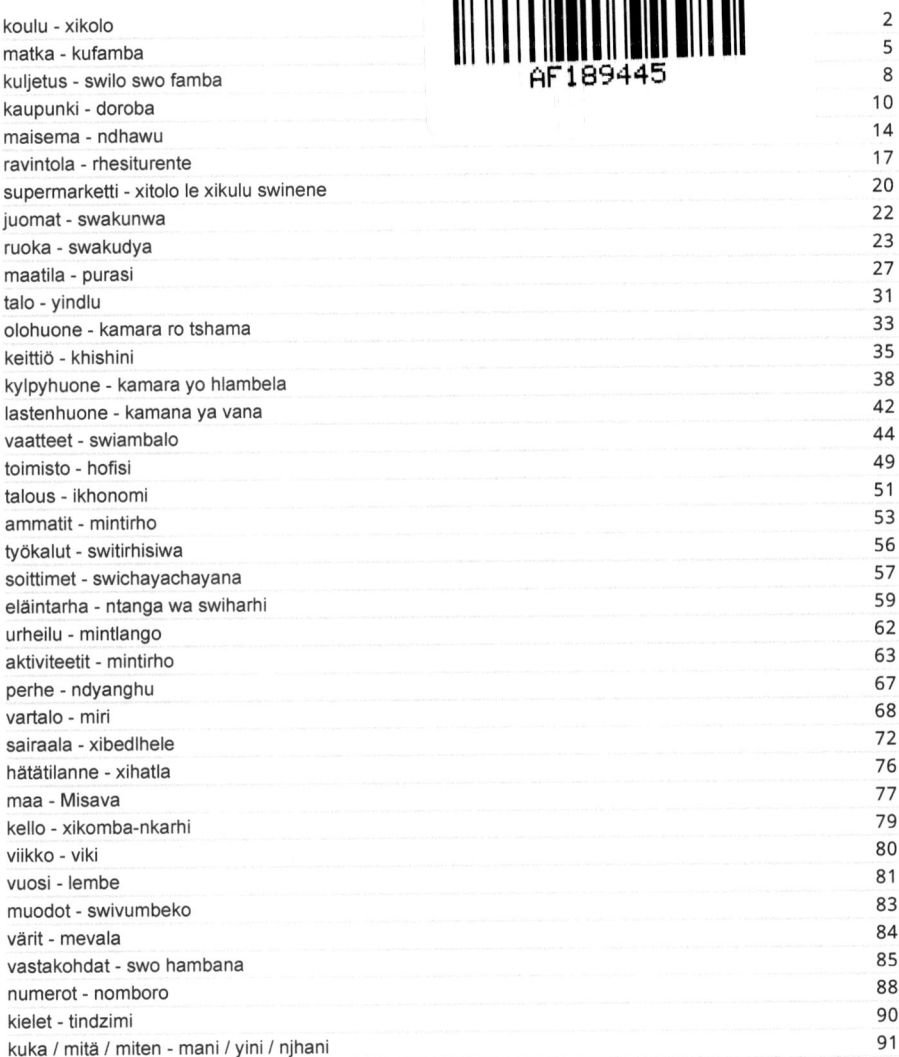

Impressum
Verlag: BABADADA GmbH, Nedderfeld 112 , 22529 Hamburg
Geschäftsführer / Verlagsleitung: Harald Hof
Druck: Books on Demand GmbH, In de Tarpen 42, 22848 Norderstedt

Imprint
Publisher: BABADADA GmbH, Nedderfeld 112 , 22529 Hamburg, Germany
Managing Director / Publishing direction: Harald Hof
Print: Books on Demand GmbH, In de Tarpen 42, 22848 Norderstedt

koulu

xikolo

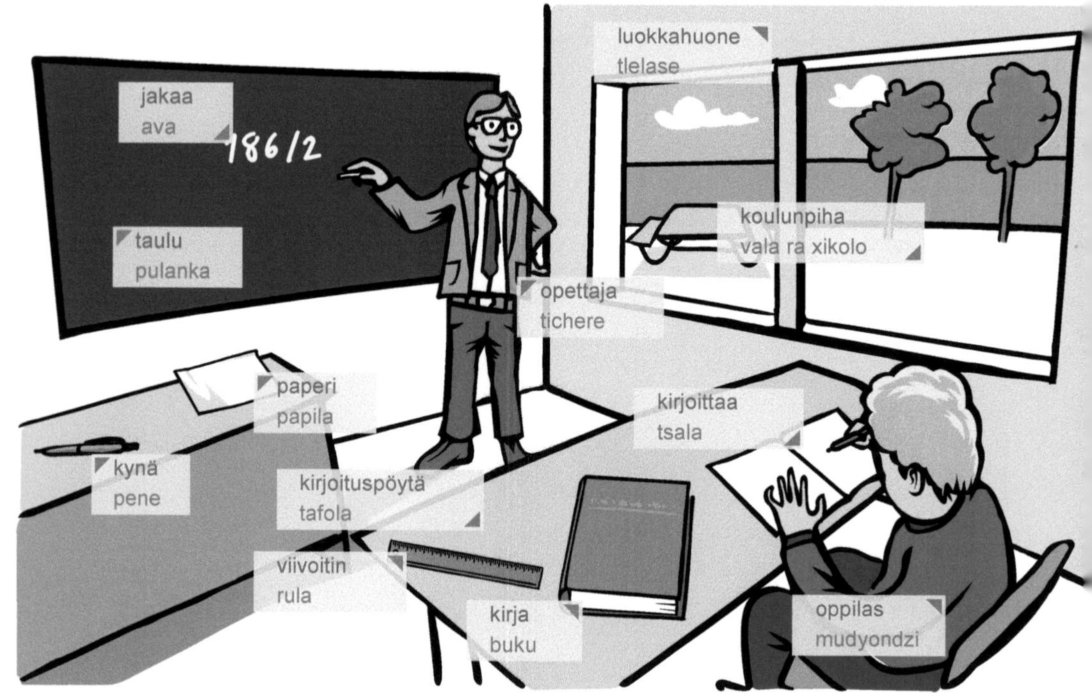

luokkahuone
tlelase
jakaa
ava
186/2
taulu
pulanka
koulunpiha
vala ra xikolo
opettaja
tichere
paperi
papila
kirjoittaa
tsala
kynä
pene
kirjoituspöytä
tafola
viivoitin
rula
kirja
buku
oppilas
mudyondzi

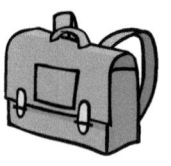

reppu

xinkwamana

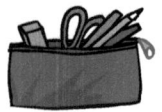

penaali

bokisi ra tipensele

lyijykynä

pensele

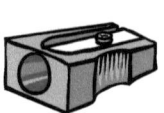

kynänteroitin

muchini wo vatla tipensele

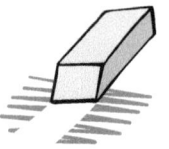

pyyhekumi

rhaba

piirustuslehtiö

papilo ro dirowa

piirustus

xifaniso lexi diroweke

pensseli

burachi ro penda

vesivärit

bokisi ro penda

sakset

xikero

liima

xidamarheti

harjoituskirja

buku ya xikolo

kotitehtävä

ntirho wa le kaya

luku

nombhoro

lisätä

engeta

vähentää

susa

kertoa

andzisa

laskea

hlaya

kirjain

letere

aakkoset

maletere

sana

rito

teksti

rungula

lukea

hlaya

liitu

choko

oppitunti

dyondzo

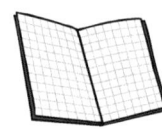

opettajan muistikirja

tsarisa

koe

xikambelo

todistus

xitifiketi

koulupuku

swiambalo swa xikolo

koulutus

dyondzo

sanakirja

nsonga-vutivi

yliopisto

univhesiti

mikroskooppi

makhiriskopu

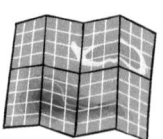

kartta

mepe

roskakori

xikotela xo lahla maphepha

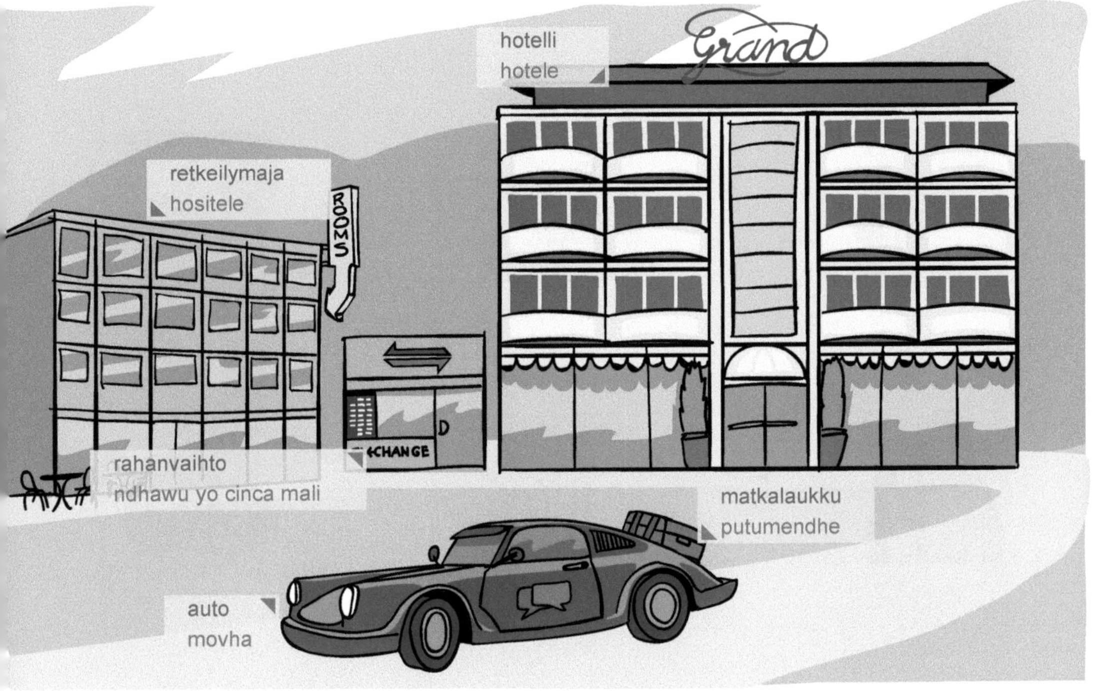

hotelli
hotele
Grand
retkeilymaja
hositele
ROOMS
EXCHANGE
rahanvaihto
ndhawu yo cinca mali
matkalaukku
putumendhe
auto
movha

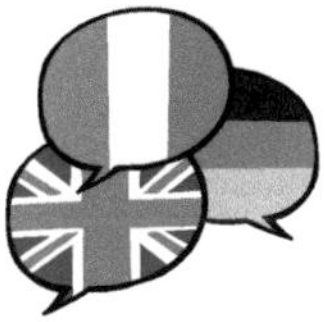

kieli

ririmi

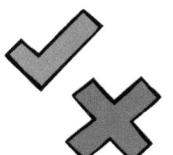

kyllä / ei

ina / e-e

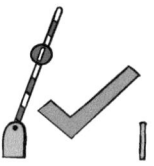

selvä

Swikahle

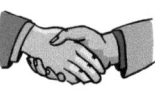

hei

ahe

tulkki

muhundzuluxeri

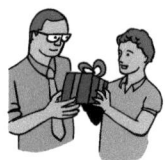

kiitos

Ndza khensa

Paljonko...maksaa?

ivungani...?

en ymmärrä

Andzi twisisi

ongelma

nkinga

Hyvää iltaa!

Riperile!

Hyvää huomenta!

Maxelo ya kahle!

Hyvää yötä!

Vusiku bya kahle!

näkemiin

sala kahle

suunta

nkongomiso

matkatavarat

mindzhwalo

laukku

nkwama

reppu

nkwama

vieras

muendzi

huone

kamara

makuupussi

nkwama wo etlela

teltta

tende

turisti-info

vuxokoxoko bya vaendzi

ranta

ribuwa

luottokortti

khadi ra xikweleti

aamupala

xifihlulo

lounas

swakudya swa ninhlekani

päivällinen

swakudya swa nimadyambu

matkalippu

thikithi

hissi

kheshe

postimerkki

xitempe

raja

ndzilakana

tulli

mikhuva

suurlähetystö

hovisi ya vuyimeri ya tiko

viisumi

visa

passi

pasi ro endza

kuljetus

swilo swo famba

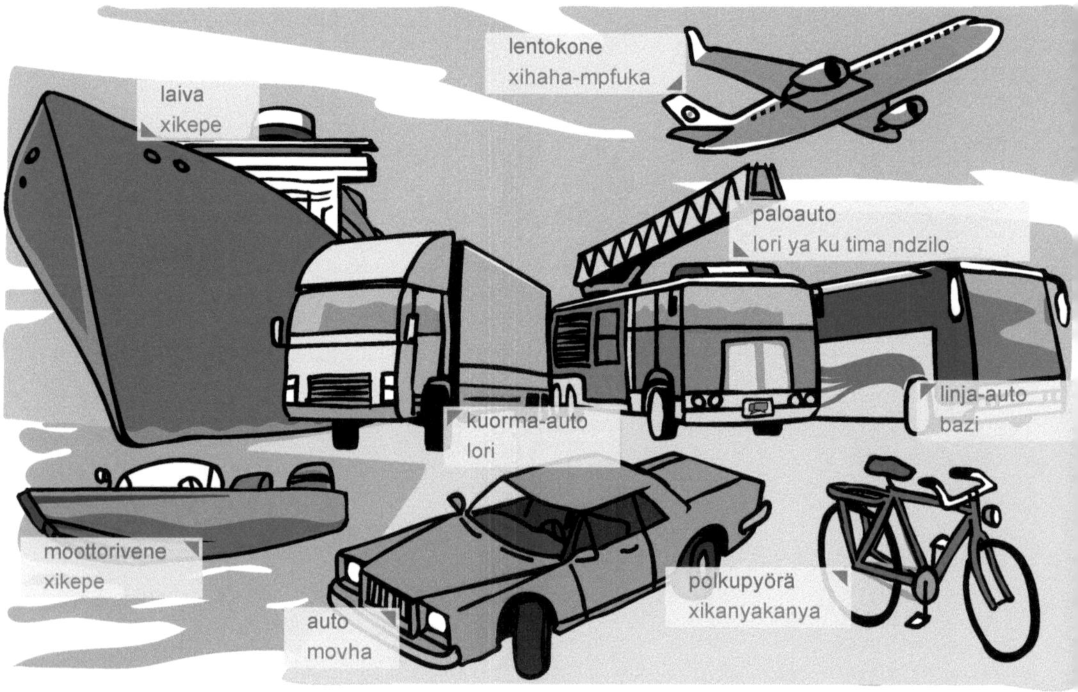
lentokone
xihaha-mpfuka
laiva
xikepe
paloauto
lori ya ku tima ndzilo
linja-auto
bazi
kuorma-auto
lori
moottorivene
xikepe
polkupyörä
xikanyakanya
auto
movha

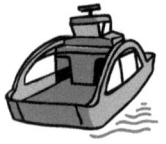

lautta

xikepe

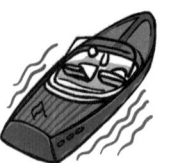

vene

xikepe

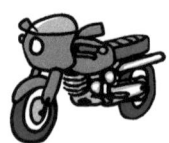

moottoripyörä

xithuthuthu

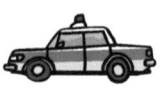

poliisiauto

movha wa maphorisa

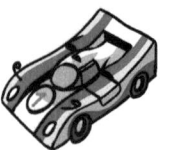

kilpa-auto

movha wa mphikizano

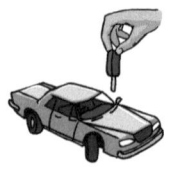

vuokra-auto

movha yo lombiwa

car sharing
ku avelana hi movha

hinausauto
lori yo koka timovha

roska-auto
lori yo rhwala chaka

moottori
njhini

polttoaine
mafurha

huoltoasema
ndhawu yo xavisa petirolo

liikennemerkki
mpfungo wa le patwini

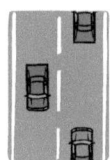

liikenne
mafambelo ya mimovha

ruuhka
ntlimbano wa timovha

parkkipaikka
phaki ya timovha

rautatieasema
xitichi xa xitimela

raiteet
mintila

juna
xitimela

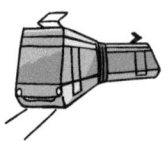

raitiovaunu
banzi leri fambaka
exiporweni

vaunu
kalichi

helikopteri

xihaha-mpfuka-phatsa

lentokenttä

rivala ra siwhaha-mpfuka

lähilennonjohto

xihondzo

matkustaja

mukhandziyi

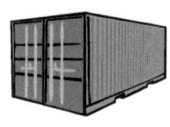

kontti

bokisi

pahvilaatikko

bokisi

kärryt

kalichi

kori

xirhundzi

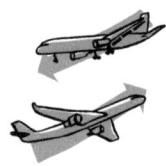

nousta / laskea

suka / tshama

kaupunki

doroba

kylä

muti

keskusta

nkava wa doroba

talo

yindlu

10

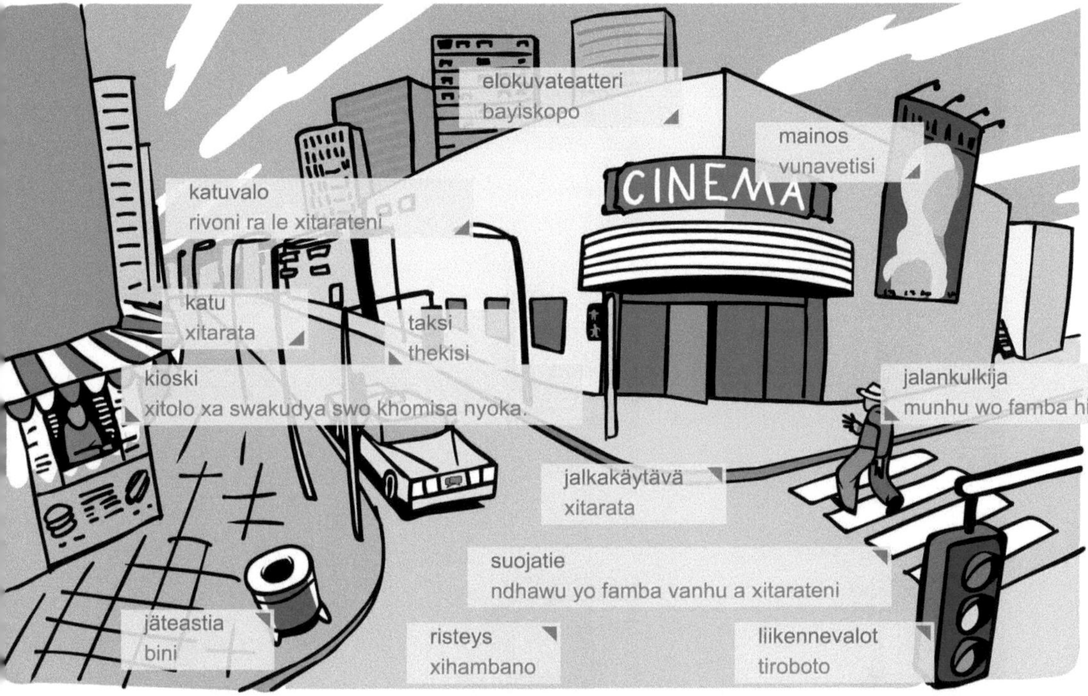

elokuvateatteri
bayiskopo
mainos
vunavetisi
CINEMA
katuvalo
rivoni ra le xitarateni
katu
xitarata
taksi
thekisi
kioski
xitolo xa swakudya swo khomisa nyoka.
jalankulkija
munhu wo famba hi
jalkakäytävä
xitarata
suojatie
ndhawu yo famba vanhu a xitarateni
jäteastia
bini
risteys
xihambano
liikennevalot
tiroboto

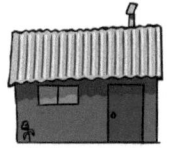

mökki

xiyindlwana xa byanyi

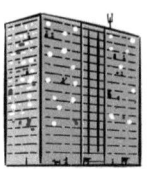

kerrostalo

yindlu

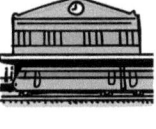

rautatieasema

xitichi xa xitimela

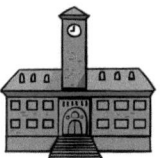

kaupungintalo

holo ya vanhu

MUSEUM

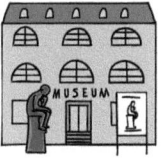

museo

muziyamu

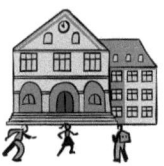

koulu

xikolo

yliopisto
univhesiti

pankki
bangi

sairaala
xibedlhele

hotelli
hotele

apteekki
xitolo xa miri

toimisto
hofisi

kirjakauppa
xitolo xa tibuku

liike
xitolo

kukkakauppa
xitolo xa swiluva

supermarketti
xitolo le xikulu swinene

tori
makete

tavaratalo
xitolo le xikulu

kalakauppias
xitolo xa tinhlampfi.

ostoskeskus
ndhawu ya switolo

satama
hlaluko

puisto

phaka

penkki

bence

silta

buloho

portaat

switepisi

metro

ehansi ka misava

tunneli

muhocho

linja-autopysäkki

xitichi xa tibanzi

baari

barha

ravintola

rhesiturente

postilaatikko

bokisi ra poso

katukyltti

mfungho wa xitarata

parkkimittari

muchini wa mali ya ku phaka

eläintarha

ntanga wa swiharhi

uimala

damu ro xambela

moskeija

mosque

maatila
purasi

ympäristön saastuminen
nthyakiso

hautausmaa
masirha

kirkko
kereke

leikkikenttä
rivala ra mintlangu

temppeli
tempele

maisema
ndhawu

lehti
tluka

tienviitta
mfungho wa gondzo

tie
ndlela

niitty
byanyi byo tala

kivi
ribye

retkeilijä
munhu wo khandziya tintshava

puu
murhi

joki
nambu

ruoho
byanyi

kukka
xiluva

laakso

nkova

vuori

xitsunga

järvi

tiva

metsä

khwati

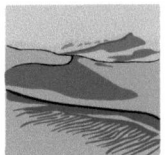

aavikko

mananga

tulivuori

volkheno

linna

ntsinda

sateenkaari

nkwangulatilo

sieni

swikowa

palmu

murhi wa nchindzu

hyttynen

nsuna

kärpänen

haha

muurahainen

vusokoti

mehiläinen

nyoxi

hämähäkki

puma

kovakuoriainen

xifufunhunu

sammakko

chele

orava

maxindyana

siili

nhloni

jänis

mfundla

pöllö

xikhova

lintu

xinyenyane

joutsen

sekwa

villisika

ngluve ya nhova

peura

mhunti

hirvi

mhofu

pato

damu

tuulimylly

xipelupelu xa moya

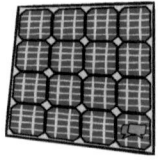

aurinkopaneeli

bodo leyi tswongaka kuhisa
ka dyambu

ilmasto

maxelo

ravintola
rhesiturente

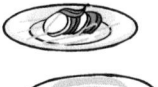

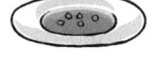

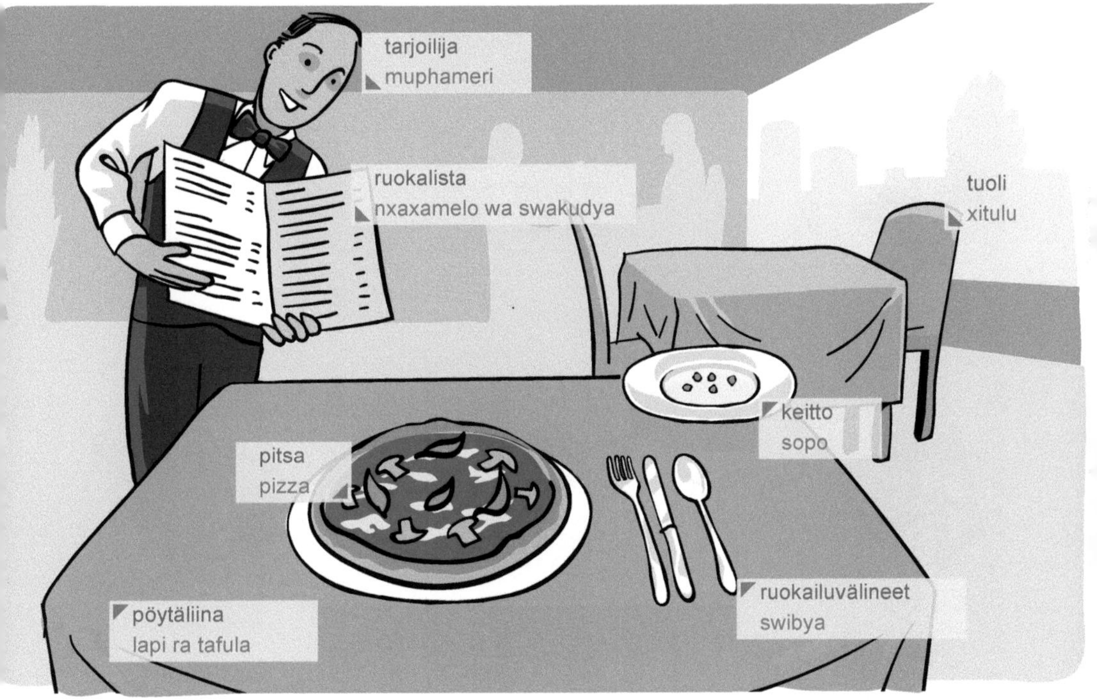
tarjoilija
muphameri
ruokalista
nxaxamelo wa swakudya
tuoli
xitulu
keitto
sopo
pitsa
pizza
ruokailuvälineet
swibya
pöytäliina
lapi ra tafula

alkuruoka

swakudya swa ku naveta

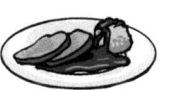

pääruoka

swakudya

jälkiruoka

swo rhelerisa

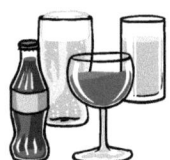

juomat

swakunwa

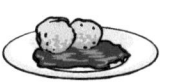

ruoka

swakudya

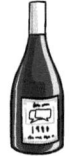

pullo

bodlhela

pikaruoka

swakudya swa xihatla

katuruoka

swakudya swa le ndleleni

teekannu

mbita ya tiya

sokeriastia

xibye xa chukela

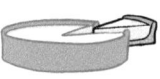

annos

xiphemu

espressokeitin

muchini wa espresso

syöttötuoli

xitulu xa le henhla

lasku

swikweleti

tarjotin

thireyi

veitsi

mukwana

haarukka

foroko

lusikka

lepula

teelusikka

xilepulana

servietti

phepha ro sula nomu

lasi

nghilazi

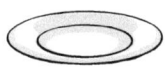

lautanen

pleti

syvä lautanen

pleti ya sopo

aluslautanen

sosara

kastike

murhu

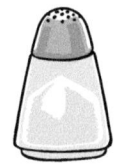

suolasirotin

xilo xo chele munyu

pippurimylly

xilo xo gaya

etikka

vhiniga

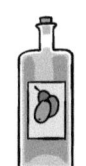

öljy

mafurha

mausteet

swinyunyeteri

ketsuppi

ketchup

sinappi

mustard

majoneesi

mayonasi

supermarketti

xitolo le xikulu swinene

tarjous
nyiko yo hlawuleka
asiakas
muxavi
FOR
maitotuotteet
ntsamba
hedelmät
mihandzu
ostoskärryt
xikocikara

BUTCHERS

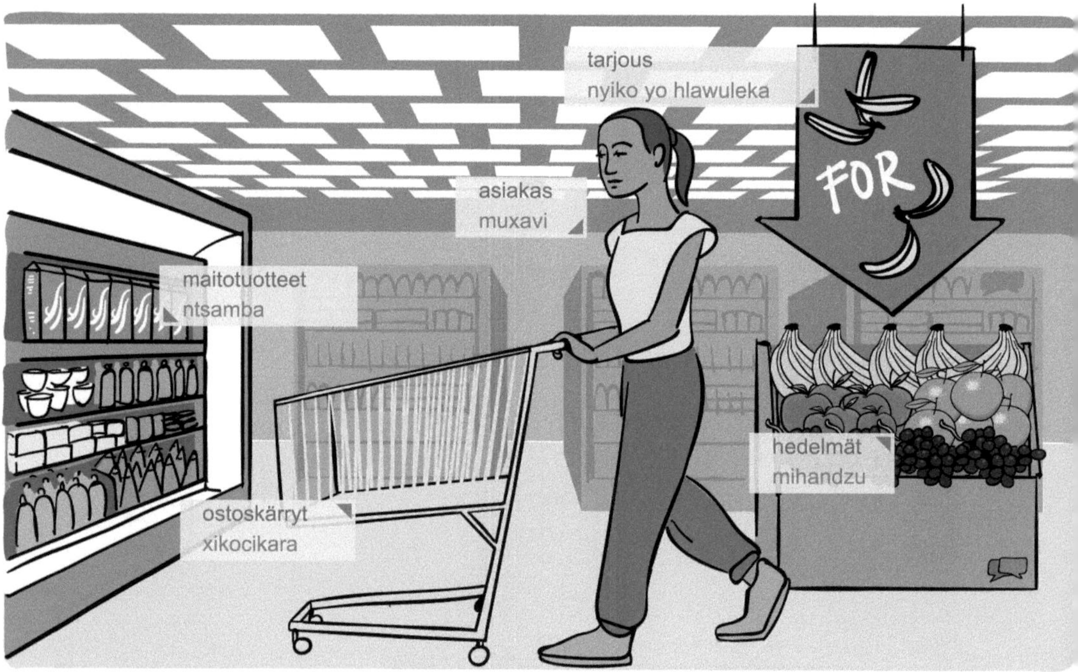

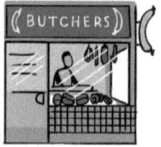

teurastamo

buchara

BAKERY

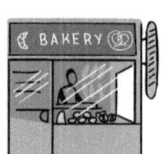

leipomo

bekari

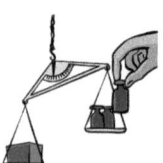

punnita

ringanyeta

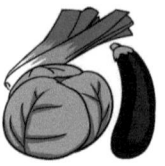

kasvikset

swimila

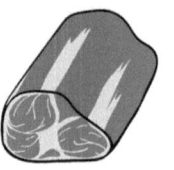

liha

nyama

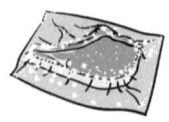

pakasteet

swakudya swo titimela

leikkele
nyama

säilykkeet
swakudya leswi nga thinini

pesujauhe
mapa yo hlanswa

makeiset
malekere

kotitaloustarvikkeet
switirhisiwa swa le ndlwini

puhdistusaineet
swilo swo basisa

myyjä
munhu wo xavisa

kassa
thili

kassanhoitaja
muamukeli wa timali

ostoslista
nxaxamelo wa swo xaviwa

aukioloajat
nkarhi wa ku tirha

lompakko
nkwama wa mali

luottokortti
khadi ra xikweleti

kassi
nkwama

muovipussi
nkwama wa pulasitiki

vesi

mati

mehu

ntsutsu

maito

meleke

kokis

coke

viini

vhinyo

olut

byalwa

alkoholi

byala

kaakao

cocoa

tee

tiya

kahvi

kofi

espresso

espresso

cappuccino

cappuccino

banaani

banana

omena

apula

appelsiini

lamula

meloni

kalabatla

sitruuna

swiri

porkkana

kherotsi

valkosipuli

swinyalana

bambu

musengele

sipuli

nyala

sieni

swikowa

pähkinät

timanga

spagetti

makaroni ya nyama

spagetti

spaghetti

riisi

rhayisi

 (above salaatti/saladi column)

salaatti

saladi

ranskalaiset

machipisi

paistetut perunat

nhlata wo katingiwa

pitsa

pizza

hampurilainen

hamburger

voileipä

xinkwa

leike

cutlet

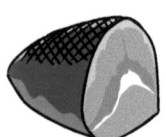

kinkku

ham

salami

salami

makkara

soseji

kana

huku

paisti

katinga

kala

hlampfi

kaurahiutaleet

oats

mysli

muesli

murot

rivele-ndzoho

jauho

filawa

voisarvi

bantsi

sämpylä

xinkwa

leipä

xinkwa

paahtoleipä

xinkwa xo oxiwa

keksit

makokisi

voi

botere

rahka

ribomba ra tswamba

kakku

khekhe

kananmuna

tandza

paistettu kananmuna

matandza lama katingiweke

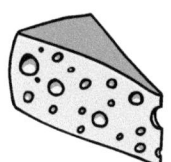

juusto

chizi

jäätelö

ayisi khrimi

sokeri

chukela

hunaja

vulombe

hillo

jamu

suklaapähkinälevite

botere ya chokoleti

curry

curry

maatila
purasi

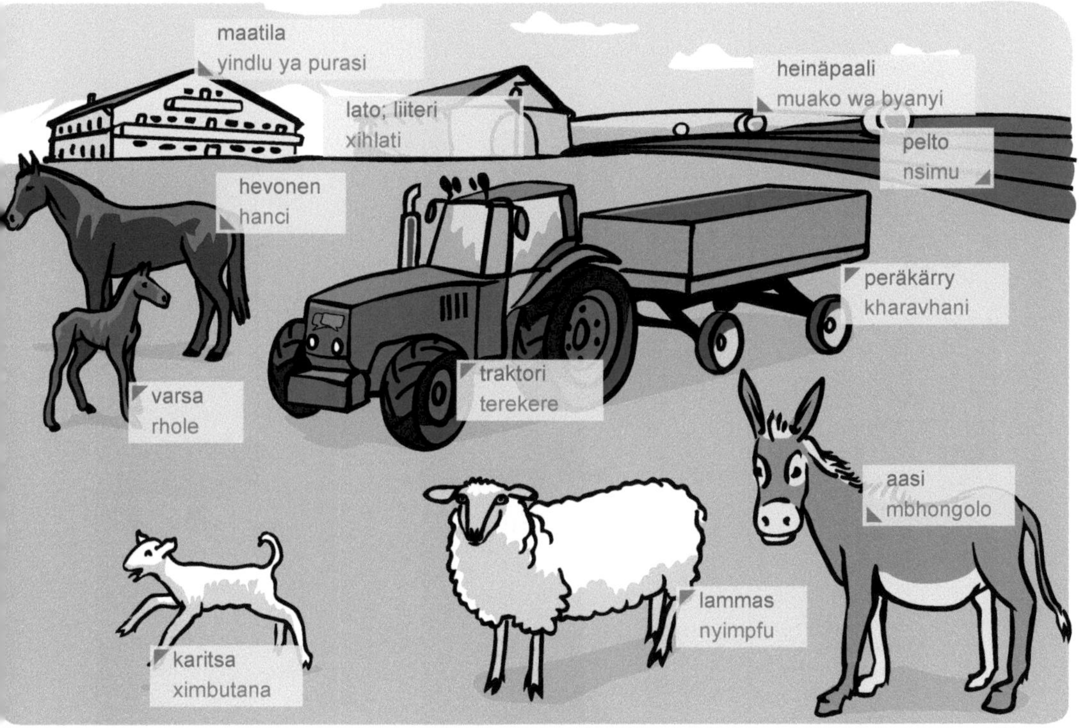
maatila
yindlu ya purasi
lato; liiteri
xihlati
heinäpaali
muako wa byanyi
pelto
nsimu
hevonen
hanci
peräkärry
kharavhani
traktori
terekere
varsa
rhole
aasi
mbhongolo
lammas
nyimpfu
karitsa
ximbutana

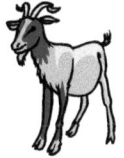

vuohi
mhunti

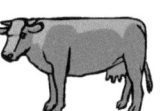

lehmä
homu

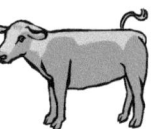

vasikka
rhole

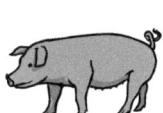

sika
nguluve

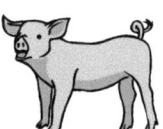

porsas
xingulubyana

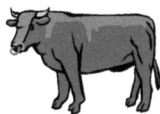

sonni
nkuzi

hanhi

sekwa

ankka

sweka

tipu

xikukwana

kana

mbhaha

kukko

nkuku

rotta

kondlo

kissa

ximanga

hiiri

kondlo

härkä

homu

koira

mbyana

koirankoppi

yindlu ya mbyana

puutarhaletku

payipi ya mati

kastelukannu

xilo xo chelela mati

viikate

nsimbi yo tsema

aura

xikomu

sirppi

sikele

kuokka

xikomu

talikko

foroko le yikulu

kirves

xihloka

kottikärryt

bara

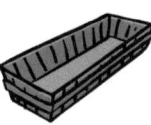

kaukalo

xitsengele

maitokannu

xilo xo chela ntswamba

säkki

saka

aita

rirhangu

talli

xivala

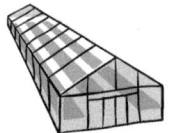

kasvihuone

yindlu ya vuhlayiselo bya swimilana

maa

misava

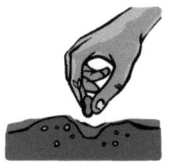

siemen

mbewu

lannoite

swinonisi

leikkuupuimuri

muchini wa ku tshovela

kerätä sato

tshovela

sato

ntshovelo

jamssit

mintsumbula

vehnä

koroni

soija

tinyawa

peruna

nhlata

maissi

koroni

rypsi

rapeseed

hedelmäpuu

nsinya wa mihandzu

maniokki

ntsumbula

vilja

swakudya swa tidzoho

talo
yindlu

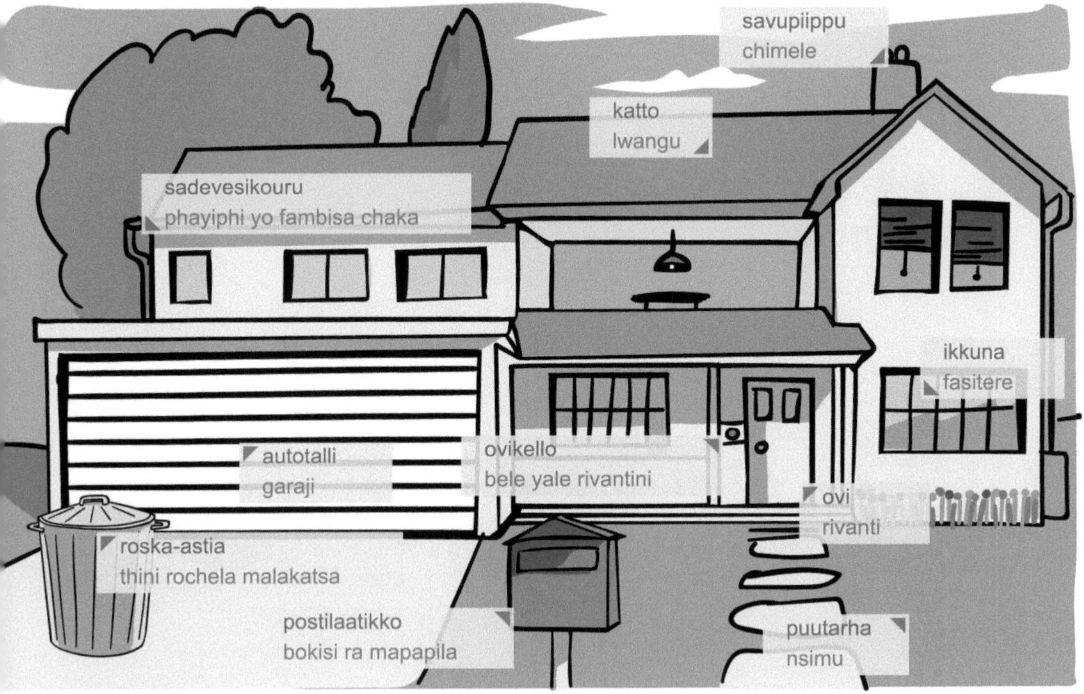
savupiippu
chimele
katto
lwangu
sadevesikouru
phayiphi yo fambisa chaka
ikkuna
fasitere
autotalli
garaji
ovikello
bele yale rivantini
ovi
rivanti
roska-astia
thini rochela malakatsa
postilaatikko
bokisi ra mapapila
puutarha
nsimu

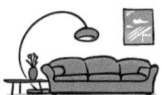

olohuone

kamara ro tshama

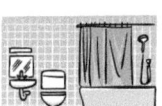

kylpyhuone

kamara yo hlambela

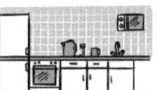

keittiö

khishini

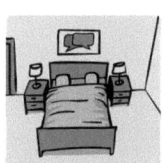

makuuhuone

kamera ro etlela

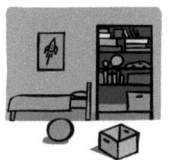

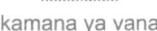

lastenhuone

kamana ya vana

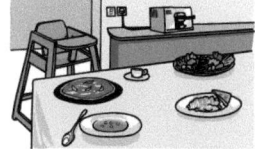

ruokahuone

ndhawu yo dyela

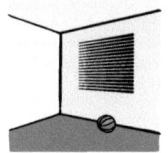

lattia
ehansi

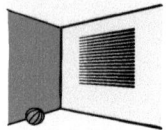

seinä
khumbi

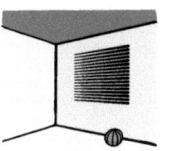

katto
silingi

kellari
kamera ra le hansi

sauna
phungula

parveke
rikupakupa

terassi
tshala

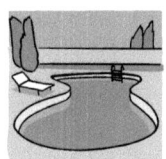

uima-allas
damu

ruohonleikkuri
muchini wo tsema byanyi

lakana
nkumba

päiväpeitto
swo andlalela mubedo

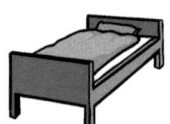

sänky
mubedo

harja
nkukulu

ämpäri
bakiti

katkaisin
swichi

olohuone
kamara ro tshama

tapetti
phepha ra le khumbini
kuva
xifaniso
lamppu
rivoni
hylly
xelufu
kaappi
khabodo
televisio
thelevhixini
takka
xitiko
kukka
xiluva
tyyny
xikhengele
sohva
sofa
maljakko
mbita
kaukosäädin
xilawula-kule

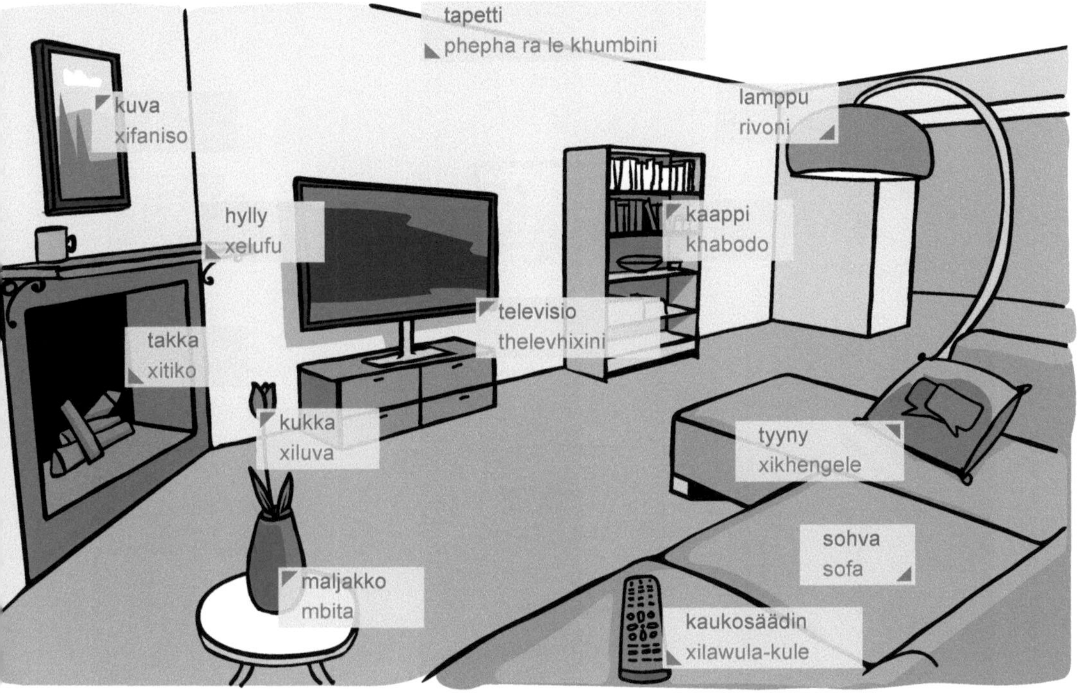

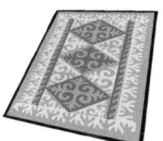

matto

khapete

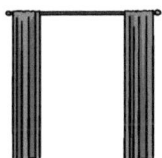

verho

khethenisi

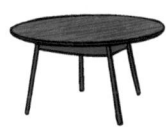

pöytä

tafula

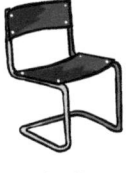

tuoli

xitulu

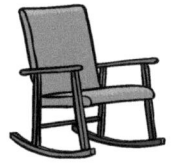

keinutuoli

xitulu xo mbuwetela

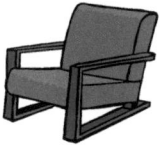

nojatuoli

xitulu xo tlhandleka mavoko

kirja

buku

peitto

nkumba

koriste

nkhaviso

polttopuut

tihunyi

elokuva

filimi

stereot

muchini wa hi-fi

avain

xinotlelo

sanomalehti

phepha-hungu

maalaus

xifaniso lexi vatliweke

juliste

bodo ya xifaniso

radio

xiya-ni-moya

muistivihko

buku yo tsala tinhla

pölynimuri

hoover

kaktus

xiluva xa cactus

kynttilä

khandlela

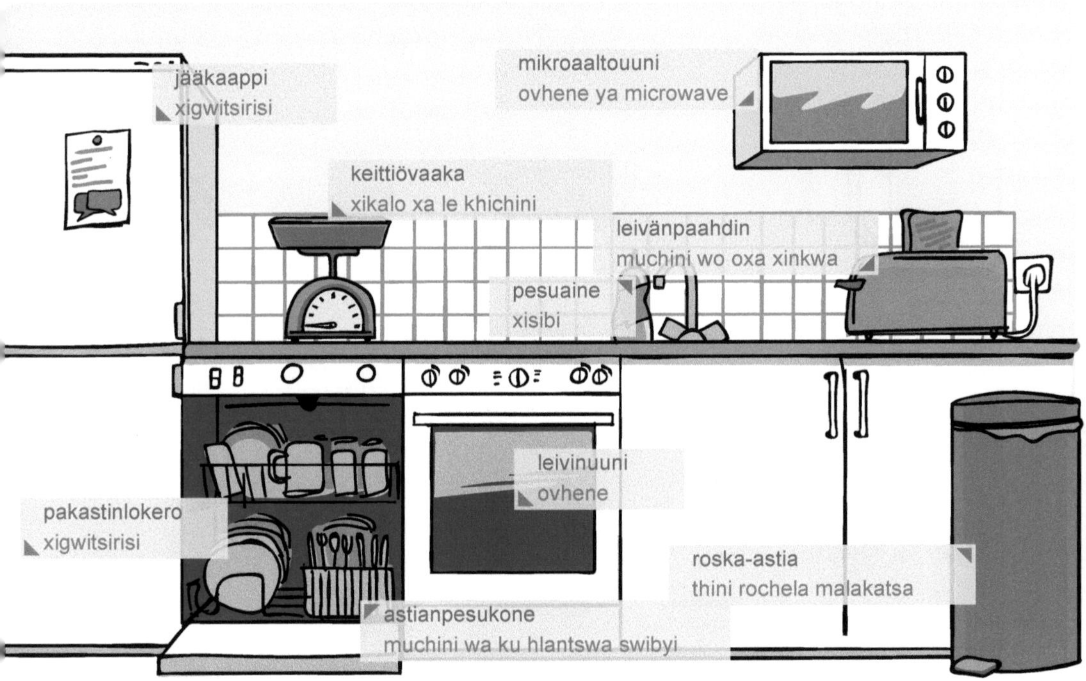

jääkaappi
xigwitsirisi

mikroaaltouuni
ovhene ya microwave

keittiövaaka
xikalo xa le khichini

leivänpaahdin
muchini wo oxa xinkwa

pesuaine
xisibi

leivinuuni
ovhene

pakastinlokero
xigwitsirisi

roska-astia
thini rochela malakatsa

astianpesukone
muchini wa ku hlantswa swibyi

liesi

mosweki

kattila

poto

rautapata

poto ra nsimbi

vokkipannu / kadai-pannu

mbita yo swekela / kadai

paistinpannu

pani

teepannu

ketlele

höyrykeitin

xo sweka hi nkahelo

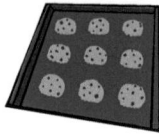

uunipelti

thireyi ya ku baka

astiat

swibya

muki

xikomichana

kulho

ximbitana

syömäpuikot

ti-chopstick

kauha

xipunu

paistinlasta

spatula

vispilä

muchini wo hlanganisa

siivilä

sefo

siivilä

xisefo

raastin

xilo xo tsemelela

mortteli

xibye

grilli

nyama yo oshiwa

avotuli

ndzilo

leikkuulauta

bodo ya ku tsemelela

kaulin

mhandzi yo andlala fulawa

korkinavaaja

xo pfula mabodlhela

purkki

thini

purkinavaaja

xo pfula mathini

pannulappu

xo khoma poto

lavuaari

zinki

tiskiharja

buracha

pesusieni

xiponci

tehosekoitin

xilo lexi hlanganiselaka

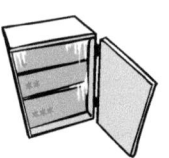

pakastin

xigwitsirisi

tuttipullo

bodlhela ra n'wana

vesihana

pompi

kylpyhuone
kamara yo hlambela

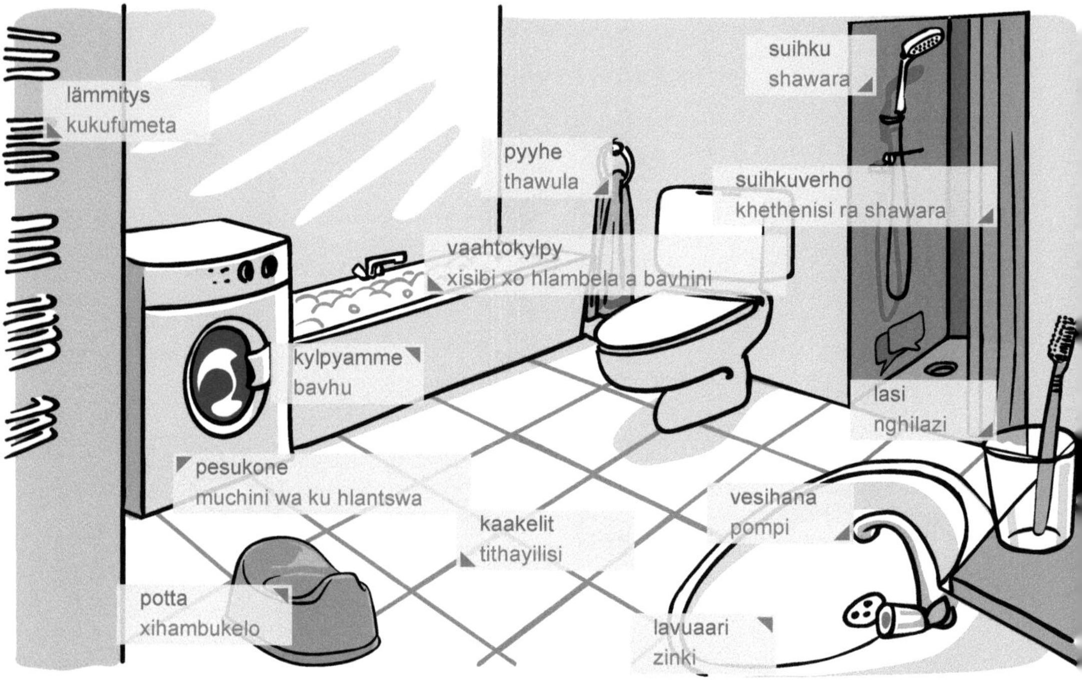
lämmitys
kukufumeta
pyyhe
thawula
suihku
shawara
suihkuverho
khethenisi ra shawara
vaahtokylpy
xisibi xo hlambela a bavhini
kylpyamme
bavhu
lasi
nghilazi
pesukone
muchini wa ku hlantswa
vesihana
pompi
kaakelit
tithayilisi
potta
xihambukelo
lavuaari
zinki

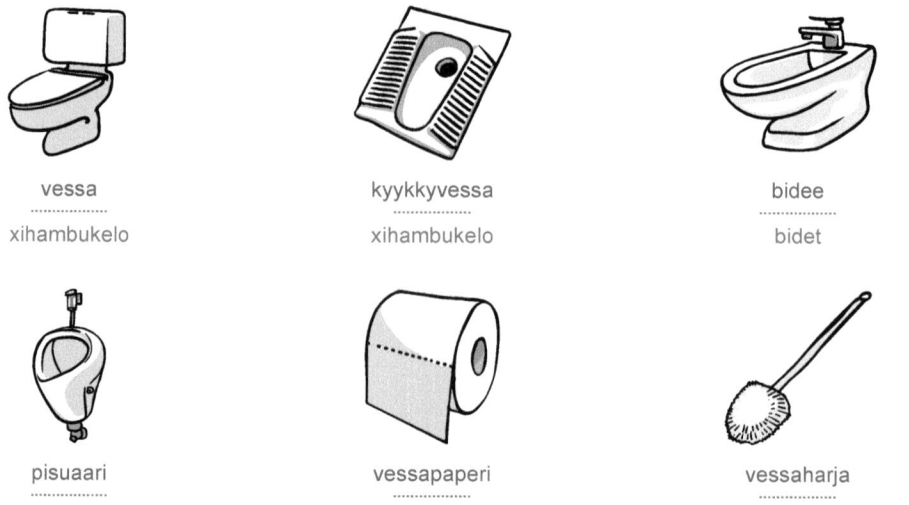

vessa
xihambukelo

kyykkyvessa
xihambukelo

bidee
bidet

pisuaari
ndhawu yo tsakamisela

vessapaperi
papila ra xihambukelo

vessaharja
burachi bya xihambukelo

hammasharja
burachi bya meno

hammastahna
xisibi xa meno

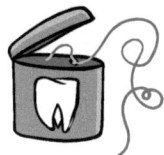

hammaslanka
xo basisa exikarhi ka meno

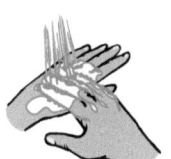

pestä
hlamba

käsisuihku
xawara yo khomiwa hivoko

intiimisuihku
douche

pesuvati
xihlambelo

selkäharja
buracha ra nhlana

saippua
xisibi

suihkugeeli
xisibi xa xawara

shampoo
shampoo

pesulappu
swilapana

viemäri
xinambyana

voide
rivomba

deodorantti
xinhuherisi

peili

xivoni

käsipeili

xivoni xo khomiwa hivoko

partaveitsi

rikarhi

partavaahto

xisibi so susa malevu

partavesi

mafurha ya kutola loku u
heta ku tsemeta malevu

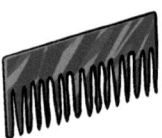

kampa

kama

harja

buracha

hiustenkuivaaja

muchini wo omisa mosisi

hiuslakka

mafurha yo tola mosisi

meikki

xo tisasekisa

huulipuna

xotota nomo

kynsilakka

xo tota minwala

pumpuli

kotoni

kynsisakset

xo tsema minwala

hajuvesi

xinhuherisi

kosmetiikkalaukku

nkwama wa le xihambukelweni

jakkara

nchuluko

vaaka

xikalo

kylpytakki

nguvu yo hlamba

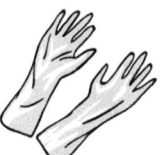

kumihansikkaat

tiglovhu ta raba

tamponi

tampon

terveysside

thawula ra ku basisa

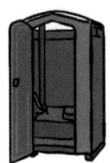

kemiallinen wc

xihambukelo xa le handle

lastenhuone
kamana ya vana

herätyskello
alamu ya wachi
pehmolelu
xo tlanga sa ku etlela
leikkiauto
movha ya ku tlangisa
helistin
xokocokoco
nukkekoti
yindlu ya swipopana
lahja
nyiko

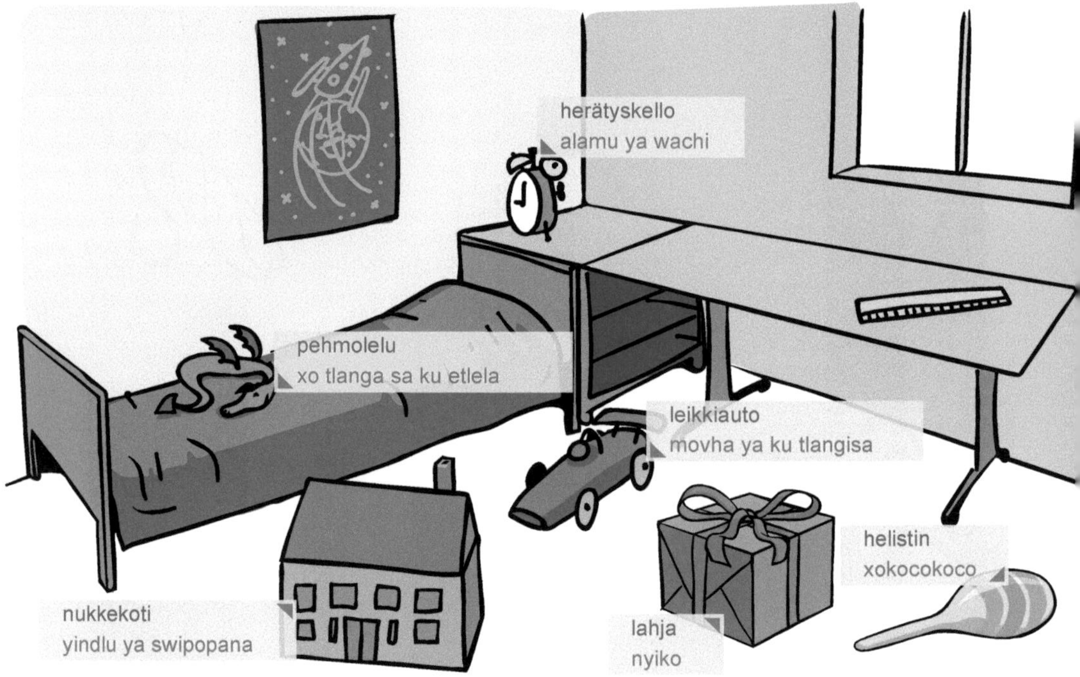

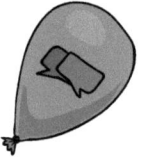

ilmapallo
baluni

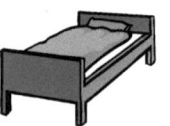

sänky
mubedo

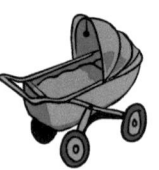

lastenvaunut
pureme

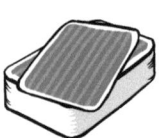

korttipeli
makhadi

palapeli
jigsaw

SUPER
MEGA
sarjakuva
khomiki

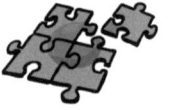

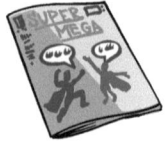

legopalikat

switina swa lego

rakennuspalikat

swiaki

supersankari

xo tlanga xa vana

potkupuku

swiambalo swa nwana

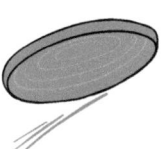

frisbee

Frisbee

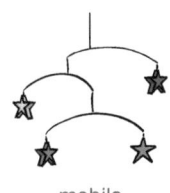

mobile

mobile

lautapeli

ntlango wa le bodweni

noppa

dayisi

pienoisjunarata

xitimela xo tlanga

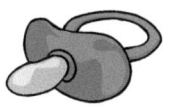

tutti

xo tlangisa vana

juhlat

nkhuvo

kuvakirja

buku ya swifaniso

pallo

bolo

nukke

xipopana

leikkiä

tlanga

hiekkalaatikko

khele ra sava

keinu

muchinginya

lelut

swilo swo tlangisa

pelikonsoli

mintlango ya vhidiyo

kolmipyörä

xithuthuthu xa mivhilwa
manharhu

nalle

tibere to tlangisa

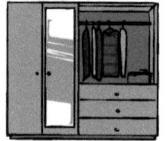

vaatekaappi

wadirobo

vaatteet

swiambalo

sukat

masokisi

nylonsukat

masokisi

sukkahousut

buruku byo tlimba

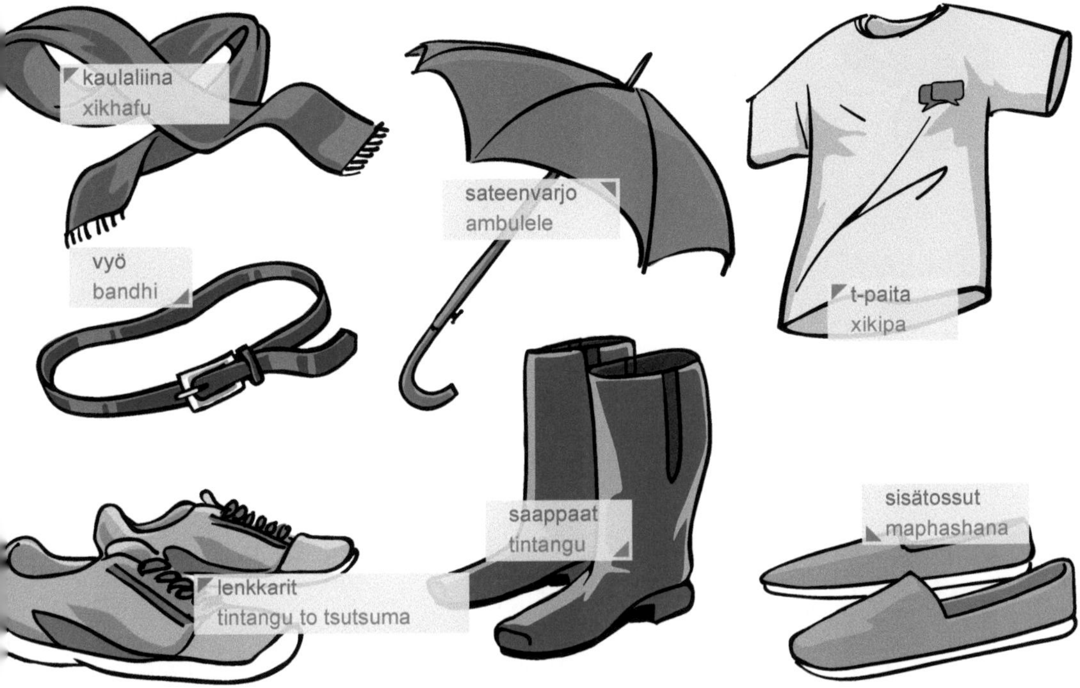

kaulaliina
xikhafu

sateenvarjo
ambulele

t-paita
xikipa

vyö
bandhi

saappaat
tintangu

sisätossut
maphashana

lenkkarit
tintangu to tsutsuma

sandaalit
maphashana

kengät
tintangu

kumisaappaat
majombo ya raba

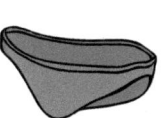

alushousut
maburuko ya le ndzeni

rintaliivit
bodi

aluspaita
xikipa xa le ndzeni

body
....
miri

housut
....
maburuko

farkut
....
bokati

hame
....
xiketi

pusero
....
bulawusi

paita
....
hembe

villapaita
....
jesi

collegepaita
....
jazi ro fingeneta nhloko

jakku
....
buleyizara

takki
....
baji

takki
....
nghuvo

sadetakki
....
jazi rampfula

puku
....
swiambalo

mekko
....
swiambalo

hääpuku
....
rhoko ya mucato

puku

sudu

yöpaita

xiambalo xo etlela

pyjama

swi ambalo swo etlela

shari

sari

päähuivi

xikhafu

turbaani

duku

burka

burqa

kaftaani

swi ambalo

abaya

abaya

uimapuku

swiambalo swo hlambela

uimahousut

maburuko ya le ndzeni

shortsit

buruku ro koma

verkkarit

tracksuit

esiliina

fasikoti

käsineet

maglilavhu

nappi
kunupu

silmälasit
manghilazi ya mahlo

rannekoru
sindza

kaulakoru
vuhlalu

sormus
xingwaxila

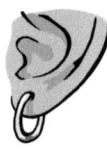

korvakoru
vo sasekisa tindleve

lippalakki
kepisi

ripustin
hangara ya nghuvo

hattu
xigqoko

solmio
thayi

vetoketju
zipi

kypärä
xihuku

henkselit
minxongotelo

koulupuku
swiambalo swa xikolo

univormu
yunifomo

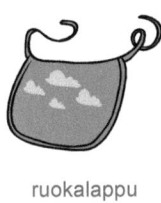

ruokalappu

bibi

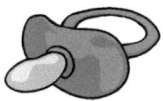

tutti

xo tlangisa vana

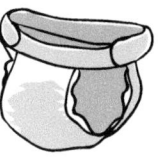

vaippa

leyiri

toimisto
hofisi

palvelin
server
asiakirjakaappi
khabodo yo beka tifayili
tulostin
muchini wa ku kandziyisa
paperi
papila
näyttö
xikirini
hiiri
mouse
kirjoituspöytä
tafola
kansio
xilo xo veka swiphephana
näppäimistö
keyboard
roskakori
xikotela xo lahla maphepha
tietokone
khompyuta
tuoli
xitulo

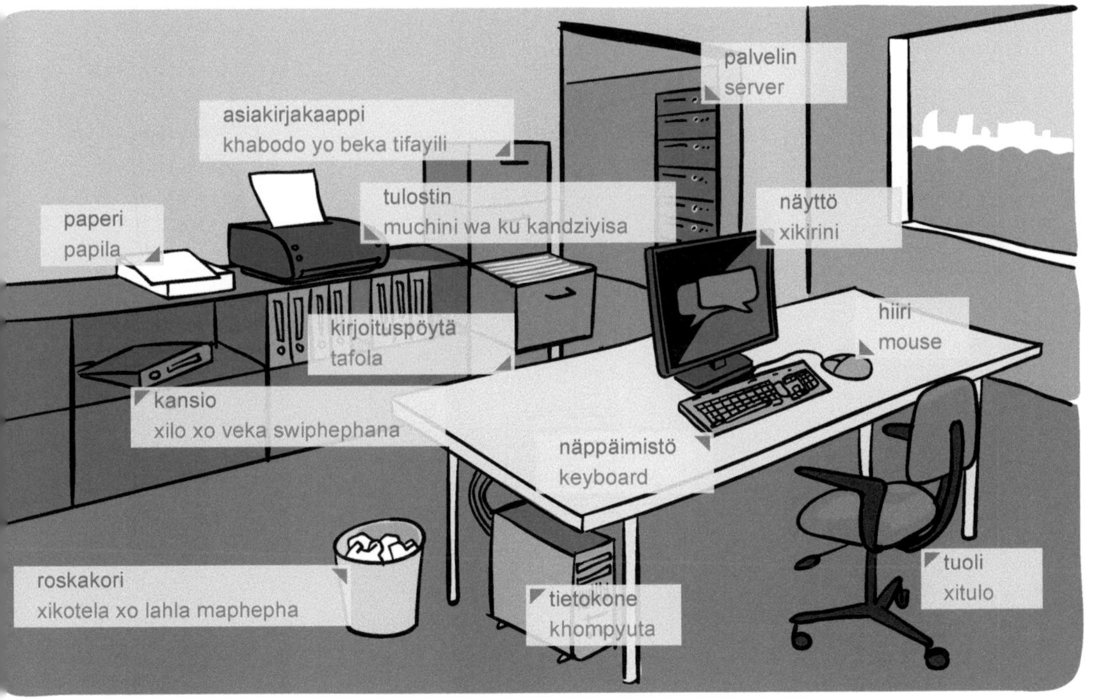

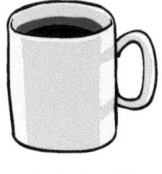

kahvimuki

bikiri ra kofi

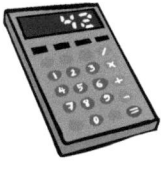

taskulaskin

muchini wo hlaya

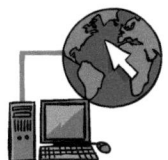

internet

internet

kannettava tietokone

laptop

kirje

papila

viesti

rungula

kännykkä

foni

verkko

network

kopiokone

muchini wo endla tikopi

ohjelmisto

progreme ya khompyuta

puhelin

riqingho

pistorasia

pulagi ya gezi

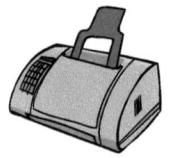

faksi

muchini wo rhumela rungula

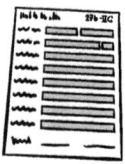

lomake

fomo

asiakirja

papila

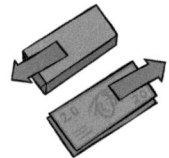

ostaa

xava

maksaa

hakela

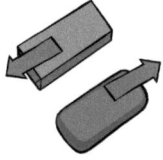

vaihtaa

xavisa

raha

mali

dollari

dolara

euro

euro

jeni

yen

rupla

rouble

frangi

Swiss franc

renminbi juan

renminb yuan

rupia

rupee

pankkiautomaatti

muchini wa mali

rahanvaihto

ndhawu yo cinca mali

kulta

nsuku

hopea

silivhere

öljy

mafurha

energia

matimba

hinta

hakelo

sopimus

ntwanano

vero

xibalo

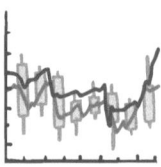

osake

nundzu ya timali

työskennellä

tirha

työntekijä

mutirhi

työnantaja

mothorhi

tehdas

fektri

liike

xitolo

ammatit
mintirho

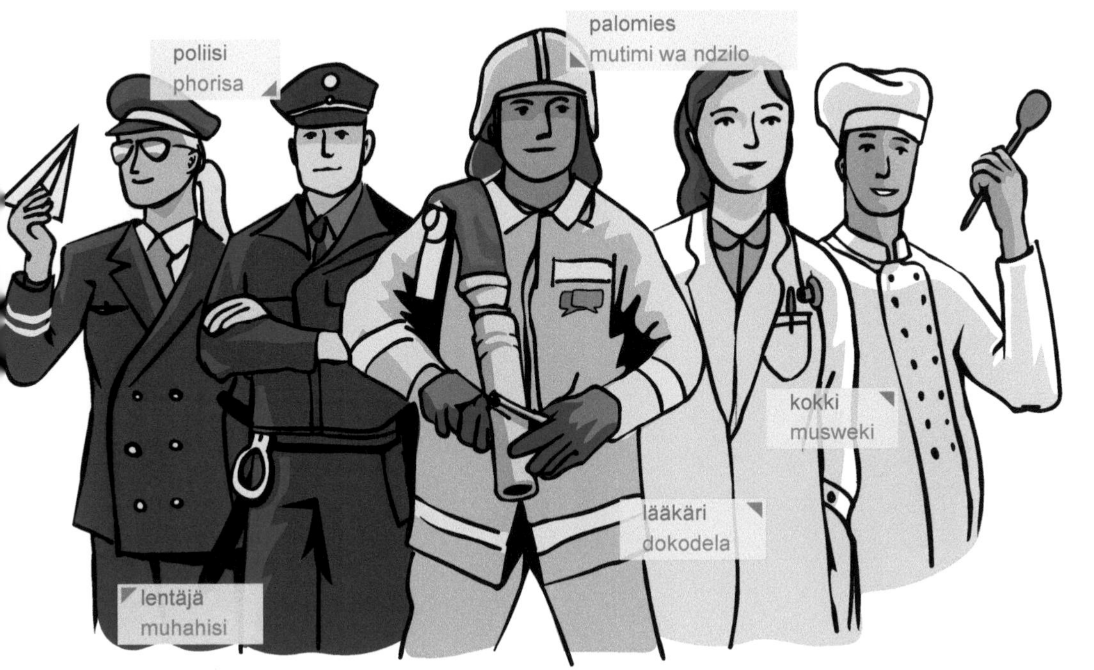
poliisi
phorisa
palomies
mutimi wa ndzilo
kokki
musweki
lääkäri
dokodela
lentäjä
muhahisi

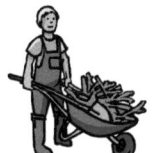

puutarhuri

muhlayi wa ntanga

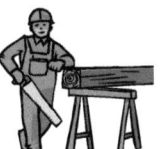

puuseppä

muvatli

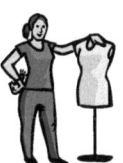

ompelija

murungi

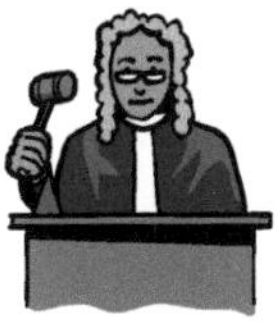

tuomari

muavanyisi

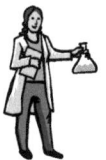

kemisti

xitshunguri

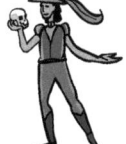

näyttelijä

mutlangi

linja-autonkuljettaja

muchaeri wa tibazi

taksinkuljettaja

muchayeri wa thekisi

kalastaja

muphasi wa tinhlampfi

siivooja

wansati wa ku basisa

katontekijä

mufuleri

tarjoilija

muphameri

metsästäjä

muhloti

maalari

mupendi

leipuri

mubaki

sähköasentaja

mutivi wagezi

rakentaja

muaki

insinööri

munjiniyara

teurastaja

muxavisi wa nyama

putkiasentaja

muplambara

postinjakaja

muheleketi wa poso

sotilas

socha

arkkitehti

mumpfampfarhuti

kassanhoitaja

muamukeli wa timali

floristi

muxavisi wa swiluva

kampaaja

mululamisi wa misisi

konduktööri

mufambisi

mekaanikko

munhu wo lungisa timovha

kapteeni

mulawuri

hammaslääkäri

dokotela wa matinho

tiedemies

mutivi wa sayensi

rabbi

mufundisi

imaami

murhangeri

munkki

nghwendza

pappi

mfundisi

työkalut
switirhisiwa

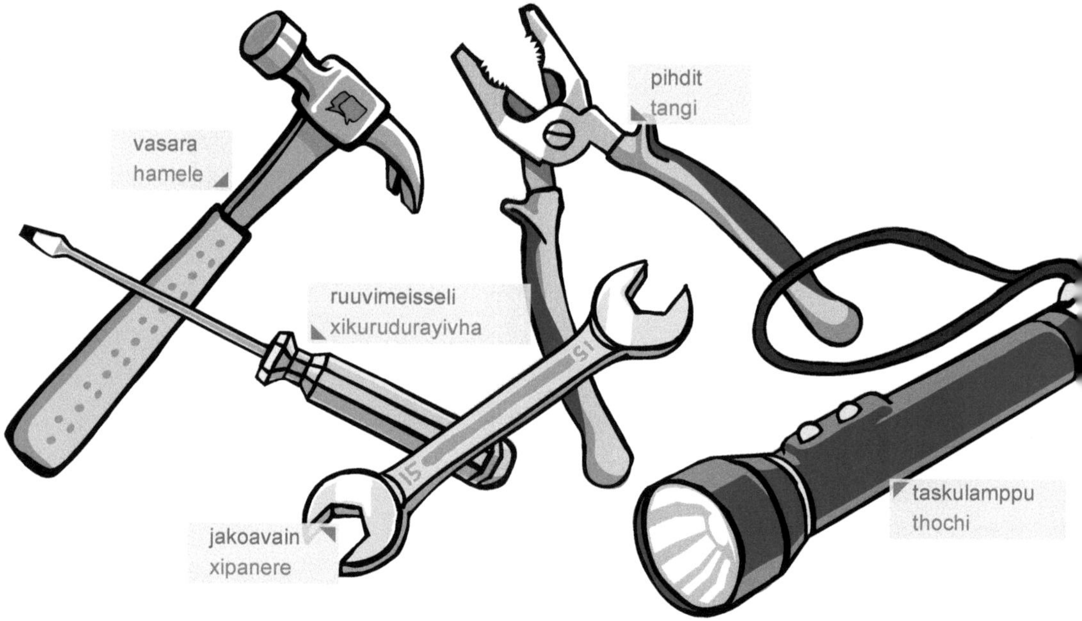
pihdit
tangi
vasara
hamele
ruuvimeisseli
xikurudurayivha
taskulamppu
thochi
jakoavain
xipanere

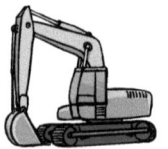

kaivinkone

muchini wo cela

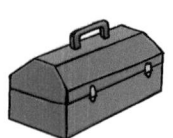

työkalupakki

bokisi ra switirhisiwa

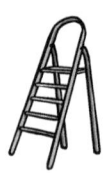

tikkaat

xitepisi

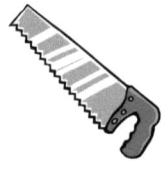

saha

saha

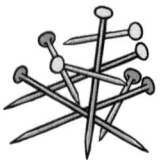

naulat

swipikiri

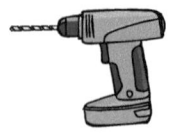

pora

muchini wo boxa

korjata
lunghisa

lapio
foxolo

Hitto!
Thyaka!

rikkalapio
nchumu wo susa ritshuri

maalipurkki
mbita ya pende

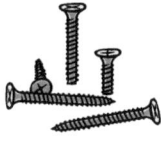

ruuvit
bawuti

soittimet
swichayachayana

kaiuttimet
xikurisa-mpfumawulo

rummut
swigubu

kitara
katara

kontrabasso
double bass

trumpetti
mhalamhala

piano
piyano

viulu
violin

basso
bass

patarummut
timpani

rumpu
xigubu

kosketinsoitin
keyboard

saksofoni
saxophone

huilu
xitiringo

mikrofoni
xikurisa-marito

eläintarha

ntanga wa swiharhi

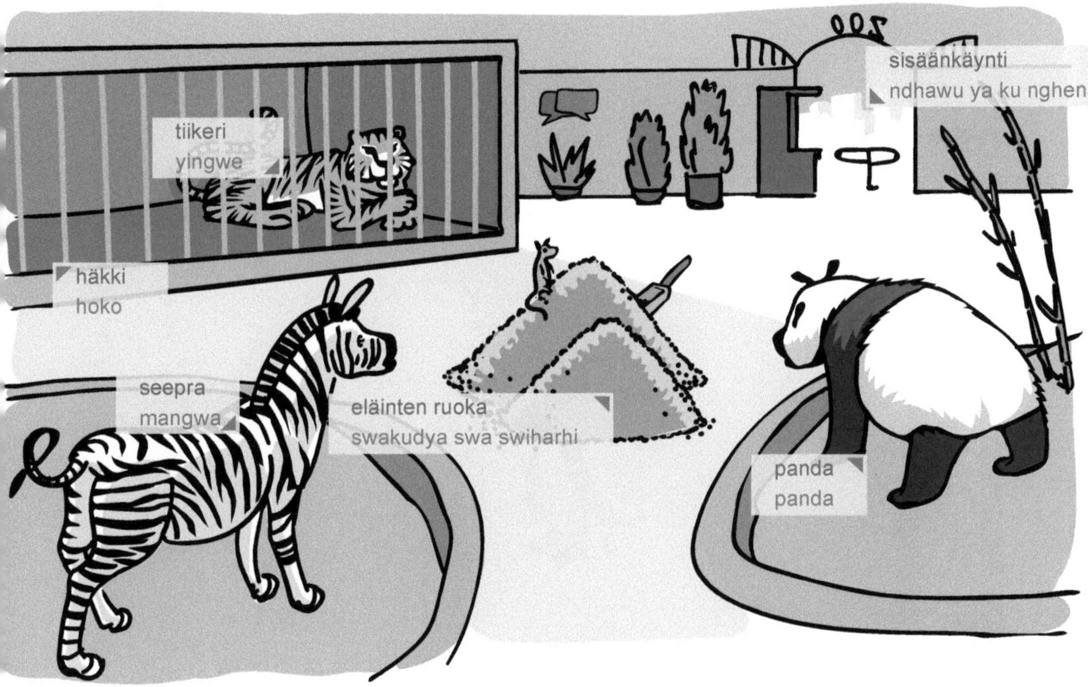

tiikeri
yingwe
häkki
hoko
seepra
mangwa
eläinten ruoka
swakudya swa swiharhi
sisäänkäynti
ndhawu ya ku nghena
panda
panda

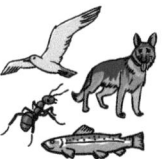

eläimet

swiharhi

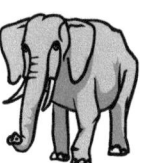

norsu

ndlopfu

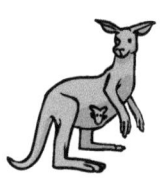

kenguru

xinjhenghwe

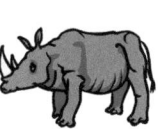

sarvikuono

mhelembe

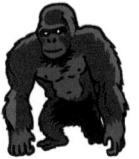

gorilla

gorila

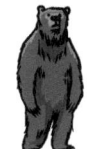

karhu

bere

kameli

kamela

strutsi

yintsha

leijona

nghala

apina

nkawu

flamingo

flamingo

papukaija

hokwe

jääkarhu

bere

pingviini

penguin

hai

shaka

riikinkukko

hanti

käärme

nyoka

krokotiili

ngwenya

eläintarhanhoitaja

muhlayisi wa mintanga ya swiharhi

hylje

seal

jaguaari

jaguar

poni
hanci

leopardi
yingwe

virtahepo
mpfuvu

kirahvi
nhutlwa

kotka
gama

villisika
ngluve ya nhova

kala
hlampfi

kilpikonna
mfutsu

mursu
nyimpfu ya le lwandle

kettu
mhungubye

gaselli
mhala

amerikkalainen jalkapallo
bolo ya le Amerika

pyöräily
kufamba hi xi kanyakanya

tennis
tennis

koripallo
basketball

uinti
kuhlambela

nyrkkeily
ntlango wa ku bana

jääkiekko
khororo ya le ayisini

jalkapallo
....
bolo

sulkapallo
....
badminton

yleisurheilu
....
mintlango

käsipallo
....
bolo ya mavoko

hiihto
....
kureta e gambokweni

poolo
....
polo

hypätä
tlula

nauraa
hleka

halata
angara

kävellä
famba

laulaa
yimbelela

unelmoida
lora

rukoilla
khongela

suudella
ntswontswa

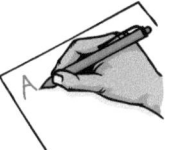

kirjoittaa

tsala

piirtää

dirowa

näyttää

komba

painaa

dlidlimeta

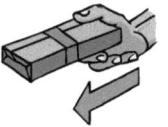

antaa

nyika

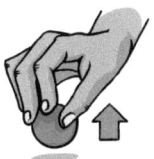

ottaa

teka

omistaa

yi va

tehdä

endla

olla

ku va

seisoa

yima

juosta

tsutsuma

vetää

koka

heittää

lahlela

kaatua

wana

maata

hemba

odottaa

rindza

kantaa

rhwala

istua

tshama

pukeutua

ambala

nukkua

tlela

herätä

pfuka

katsoa

languta

itkeä

rila

silittää

bana

kammata

kama

puhua

vulavula

ymmärtää

twisisa

kysyä

vutisa

kuunnella

yingisa

juoda

nwana

syödä

dyana

siivota

basisa

rakastaa

randza

keittää

sweka

ajaa

chayela

lentää

haha

purjehtia

tluta

laskea

hlaya

lukea

hlaya

oppia

hlaya

työskennellä

tirha

mennä naimisiin

teka

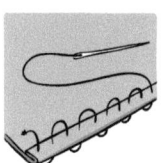

ommella

rhunga

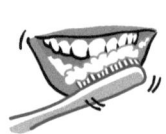

pestä hampaat

kuhlamba meno

tappaa

dlaya

tupakoida

dzaha

lähettää

rhumela

perhe

ndyanghu

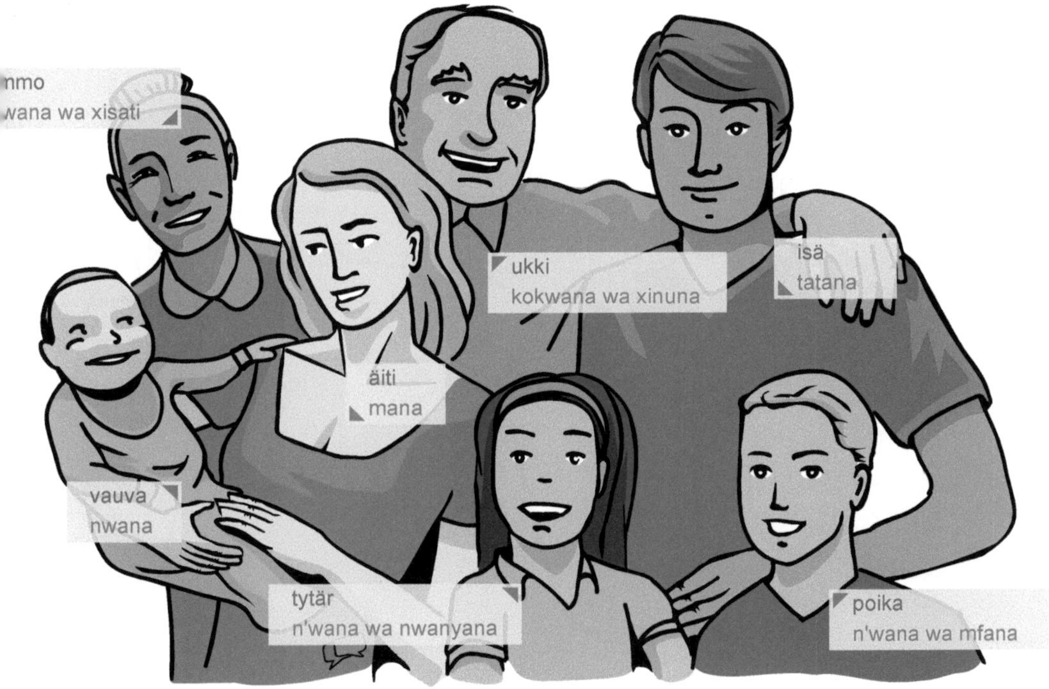
nmo
wana wa xisati
ukki
kokwana wa xinuna
isä
tatana
äiti
mana
vauva
nwana
tytär
n'wana wa nwanyana
poika
n'wana wa mfana

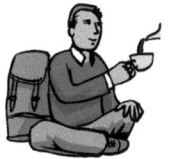

vieras
muendzi

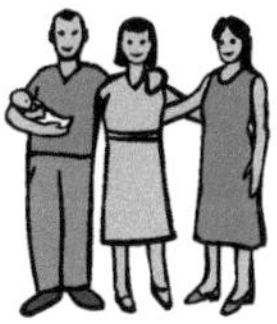

täti
hahani

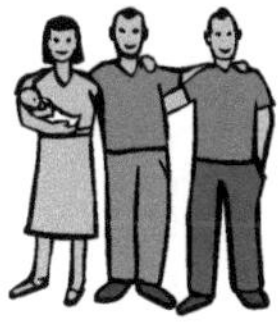

setä
malume

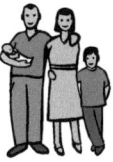

veli
makwerhu

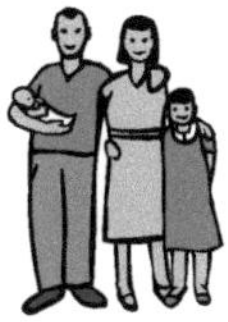

sisko
makwrhu

vartalo
miri

otsa
mombo
silmä
tihlo
olkapää
katla
sormet
ritiho
kasvot
xikandza
leuka
xilebvu
käsi
voko
jalka
nenge
rinta
bele
käsivarsi
voko

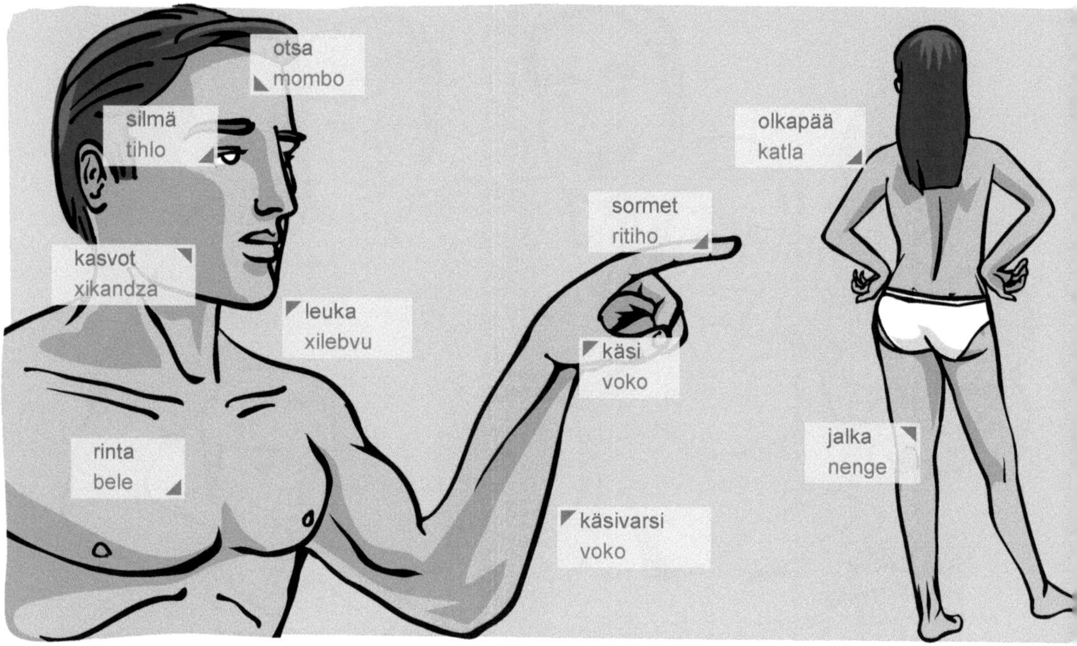

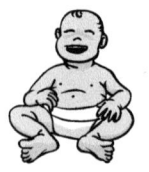

vauva
nwana

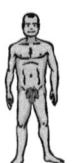

mies
n'wanuna

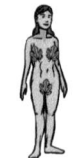

nainen
nw'ansati

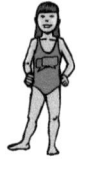

tyttö
nhwanyana

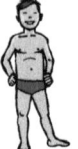

poika
mfana

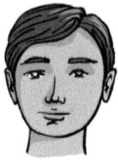

pää
nhloko

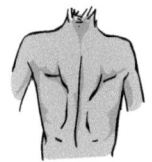

selkä
nhlana

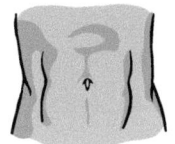

maha
khwiri

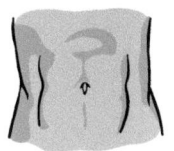

napa
nkava

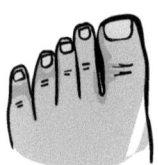

varvas
xikunwani

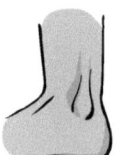

kantapää
xirhenze

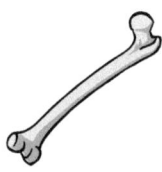

luu
rhambu

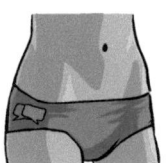

lantio
nyonga

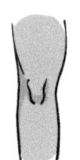

polvi
tsolo

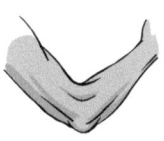

kyynärpää
xikokola

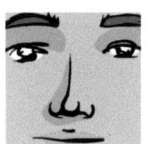

nenä
nompfu

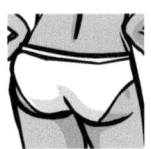

takapuoli
xisuti

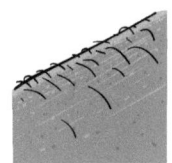

iho
nhlonge

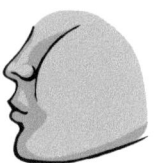

poski
rhama

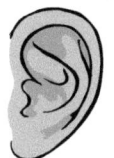

korva
ndlebe

huuli
nomu

suu
nomu

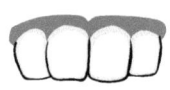

hammas
tinyo

kieli
ririmi

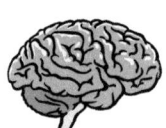

aivot
byongo

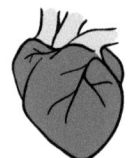

sydän
mbilu

lihas
nsiha

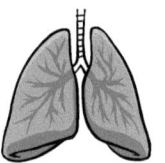

keuhkot
hahu

maksa
vixindzi

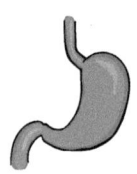

vatsa
khwiri

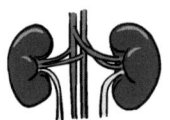

munuaiset
tinso

seksi
masangu

kondomi
khondomu

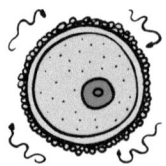

munasolu
tandza

sperma
mbewu ya vununa

raskaus
nyimba

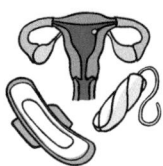

kuukautiset

kuya enkarhini

vagina

muhocho

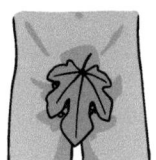

penis

xiluma

kulmakarvat

tinxiyi

hiukset

misisi

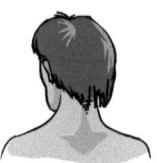

niska

nhamu

sairaala
xibedlhele

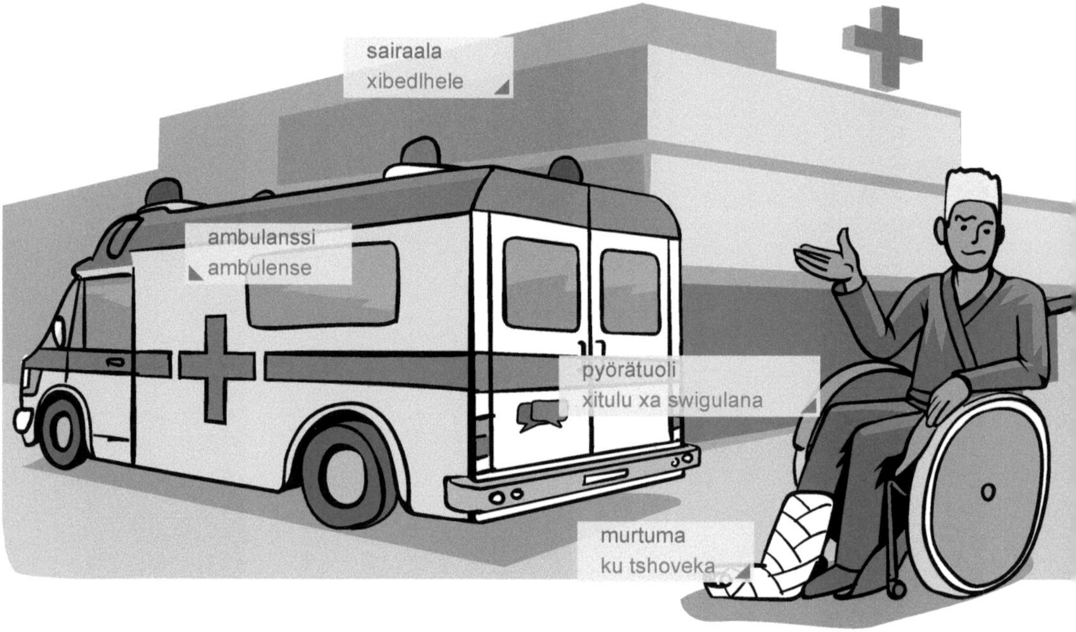

sairaala
xibedlhele
ambulanssi
ambulense
pyörätuoli
xitulu xa swigulana
murtuma
ku tshoveka

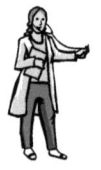

lääkäri
dokodela

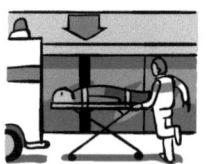

ensiapu
kamara ra xilamulela-mhango

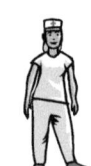

sairaanhoitaja
muongori

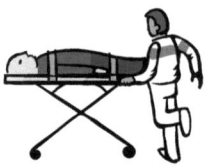

hätätilanne
xihatla

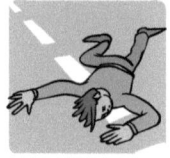

tajuton
ku titivala

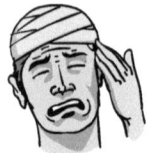

kipu
kuvava

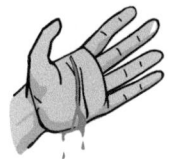

vamma

ku vaviseka

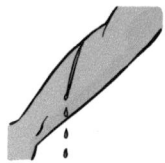

verenvuoto

mpfempfa ngati

sydänkohtaus

ku hlaseriwa himbilu

aivoinfarkti

ku oma swirho

allergia

rinyenyo

yskä

khohlola

kuume

xifumbu

flunssa

mukhuhlwana

ripuli

nchuluko

päänsärky

ku pandza ka nhloko

syöpä

khensa

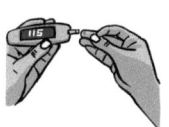

diabetes

chukela

kirurgi

dokodela

veitsi

mukwana

leikkaus

vuhandzuri

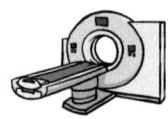

ct

CT

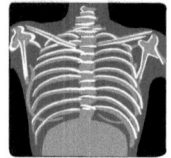

röntgen

x-rheyi

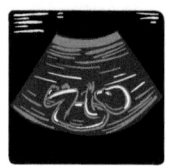

ultraääni

muchini wo yingisela
ntshuka-ntshuko

maski

xo tipfala tinhomfu

sairaus

vuvabyi

odotushuone

kamara ro rindza

sauva

nhonga

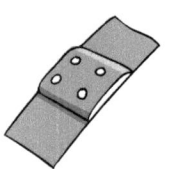

laastari

semendhe

side

bandhichi

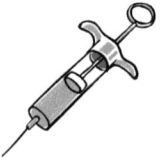

pistos

neleta

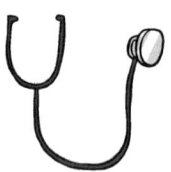

stetoskooppi

muchini wa madokodela wa
ku yingisa

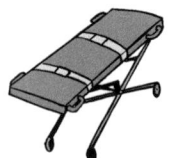

paarit

rihlaka

kuumemittari

xipima-mahiselo

syntymä

ku veleka

ylipaino

ku nyuhela

kuulolaite

swipfuneta-ku-twa

desinfiointiaine

khemikhale yo dlaya
switsongwatsongwana

infektio

switsongwatsongwana

virus

xitsongwatsongwana

HIV / AIDS

HIV / AIDS

lääke

miri

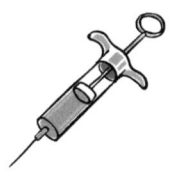

rokotus

nayiti

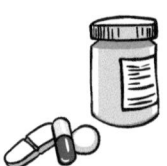

tabletit

maphilisi

pilleri

pilisi

hätäpuhelu

riqingho ra xihatla

verenpainemittari

muchini wo kamba
nsusumeto wa ngati

sairas / terve

vabya / hanya

Apua!	hälytys	ryöstö
Pfunani!	bele	ku hlaseriwa
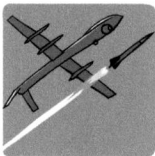		
hyökkäys	vaara	hätäuloskäynti
hlasela	khombo	nyangwa wo huma loko ku ri ni mhango

Tulipalo!	palosammutin	onnettomuus
Ndzilo!	xo tima ndzilo	mhangu
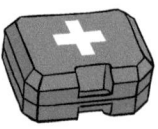		
ensiapulaukku	SOS	poliisilaitos
bokisi ra xilamulela-mhango	SOS	phorisa

Eurooppa

Yuropa

Pohjois-Amerikka

Amerika N'walungu

Etelä-Amerikka

Amerika Dzonga

Afrikka

Afrika

Aasia

Asia

Australia

Australia

Atlantin valtameri

Atlantic

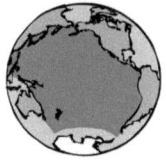

Tyynimeri

Pacific

Intian valtameri

Lwandle-nkulu ra Indiya

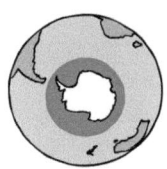

Eteläinen jäämeri

Lwandle-nkulu ra Antarctic

Pohjoinen jäämeri

Lwandle-nkulu ra Arctic

pohjoisnapa

North Pole

etelänapa

South Pole

Antarktis

Antarctica

maa

Misava

maa

tiko

meri

lwandle

saari

xihlala

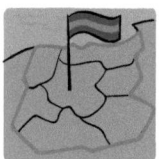

kansa

rixaka

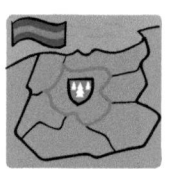

osavaltio

tiko

kellotaulu

xikomba nkarhi

tuntiviisari

xikomba-tiawara

minuuttiviisari

xikomba-timineti

sekuntiviisari

xikomba-tisekoni

Paljonko kello on?

I nkarhi muni?

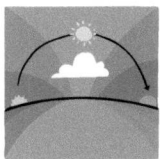

päivä

siku

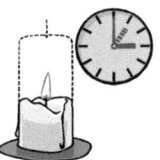

aika

nkarhi

nyt

sweswi

digitaalikello

wachi leyi tshavatelaka

minuutti

minete

tunti

awara

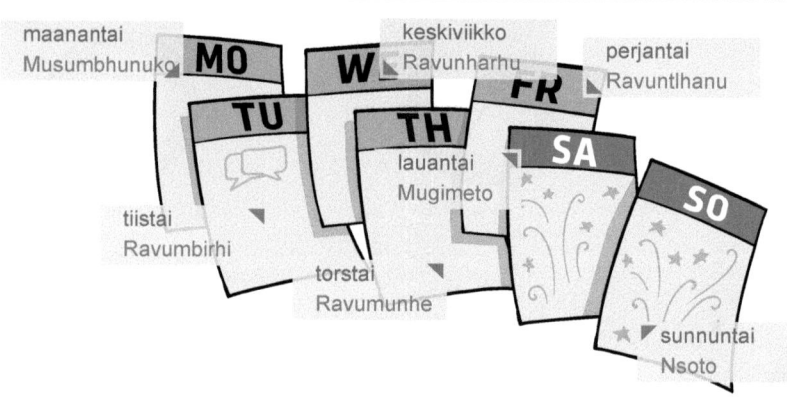

maanantai
Musumbhunuko — **MO**

keskiviikko
Ravunharhu — **W**

perjantai
Ravuntlhanu — **FR**

TU

TH

SA

lauantai
Mugimeto

tiistai
Ravumbirhi

torstai
Ravumunhe

SO

sunnuntai
Nsoto

eilen

tolo

tänään

namuntlha

huomenna

mundzuku

aamu

mixo

keskipäivä

nhlekani

ilta

madyambu

työpäivät

masiku ya ntirho

viikonloppu

mahelo vhiki

vuosi
lembe

sade
mfpula
sateenkaari
nkwangulatilo
lumi
gamboko
tuuli
moya
kevät
xumun'wana
syksy
xixikana
kesä
ximumu
talvi
xixika

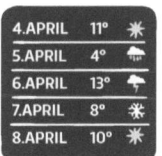

4.APRIL 11°
5.APRIL 4°
6.APRIL 13°
7.APRIL 8°
8.APRIL 10°

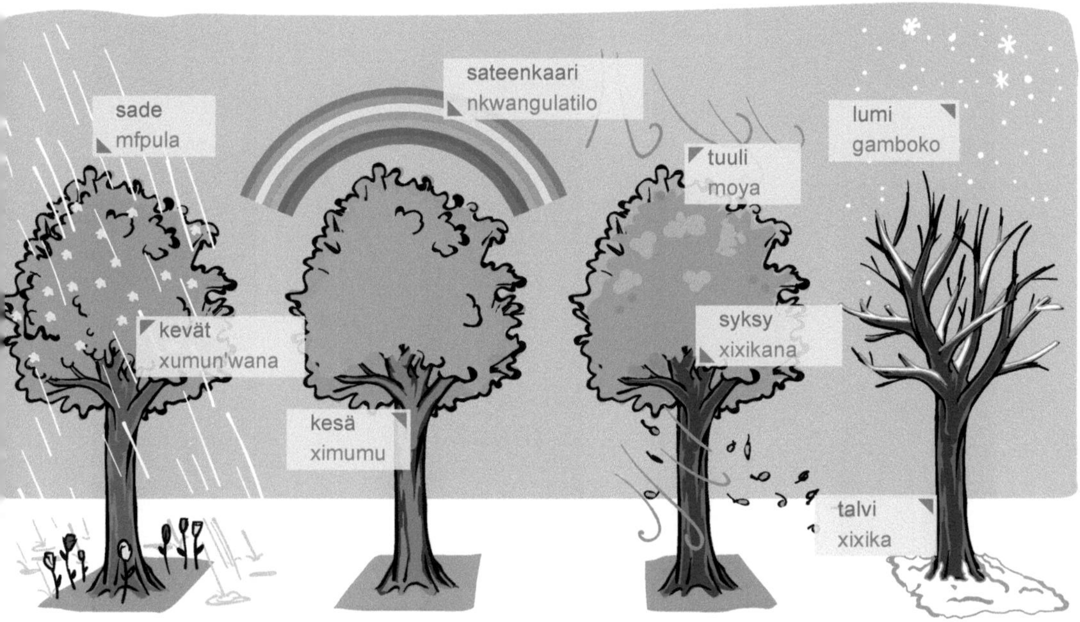

sääennuste

vumbha tamaxelo

F
C
120
90
60
30
0
-30
40
30
20
10
0
-10
-20

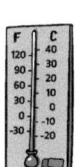

lämpömittari

xipima-mahiselo

auringonpaiste

dyambu

pilvi

papa

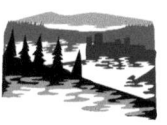

sumu

hunguva

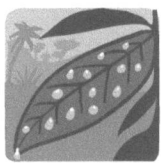

ilmankosteus

kutsakama

salama

rihati

ukkonen

dzindza-tilo

myrsky

xidzedze

rae

xihangu

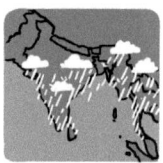

monsuuni

mpfula

tulva

ndhambi

jää

ayisi

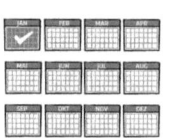

tammikuu

Sunguti

helmikuu

Nyenyenyana

maaliskuu

Nyenyankulu

huhtikuu

Dzivamusoko

toukokuu

Mudyaxihi

kesäkuu

Khotavuxika

heinäkuu

Mawuwani

elokuu

Mhawuri

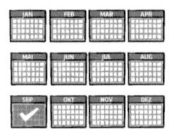

syyskuu
....
Ndzhati

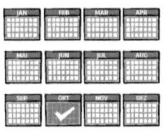

lokakuu
....
Nhlangula

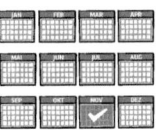

marraskuu
....
Hukuri

joulukuu
....
N'wendzamhala

muodot

swivumbeko

ympyrä
....
xirendzevutana

neliö
....
xikwere

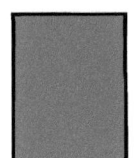

suorakulmio
....
matlhelo ya mune

kolmio
....
xivunguvungu xa tintlha
tinharhu

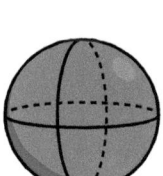

pallo
....
bolo

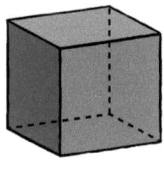

kuutio
....
cube

valkoinen

basa

keltainen

xitshopana

oranssi

lamula

vaaleanpunainen

tshwukanyana

punainen

tshwuka

violetti

xigunguvungu

sininen

wasi

vihreä

rihlaza

ruskea

buraweni

harmaa

mpunga

musta

ntima

paljon / vähän

swo tala / swi tsongo

vihainen / ystävällinen

hlundzukile / rhurile

kaunis / ruma

sasekile / bihile

alku / loppu

masungulo / makumo

suuri / pieni

kulu / tsongo

vaalea / tumma

vangama / munyama

veli / sisko

buti / sesi

puhdas / likainen

basile / chakile

täydellinen / epätäydellinen

helerile / helelangiki

päivä / yö

siku / vusiku

kuollut / elävä

file / hanyaka

leveä / kapea

pfulekile / pfalekile

syötävä / syömäkelvoton

swa dyiwa / a swi dyiwi

paha / kiltti

homboloka / lunghile

innostunut / tylsistynyt

tsakile / phirekile

lihava / laiha

nyuhela / lala

ensimmäinen / viimeinen

masungulo / makumo

ystävä / vihollinen

mungana / nala

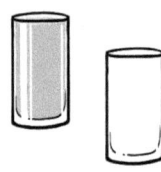

täysi / tyhjä

tele / hava

kova / pehmeä

tiyile / olova

painava / kevyt

tika / vevuka

nälkä / jano

ndlala / torha

sairas / terve

vabya / hanya

laiton / laillinen

swi ngariki enawini / enawini

älykäs / tyhmä

tlharihile / xiphukuphuku

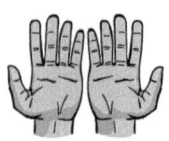

vasen / oikea

ximati / xinene

lähellä / kaukana

akusuhi / kule

uusi / käytetty
yintshwa / tirhisiwile

ei mitään / jotain
hava / xin'wana

vanha / nuori
dyuharile / muntshwa

päällä / pois päältä
xarirha / xitimile

auki / kiinni
pfurile / pfariwile

hiljainen / äänekäs
myerile / huwa

rikas / köyhä
fuwile / xisiwana

oikein / väärin
swinene / bihile

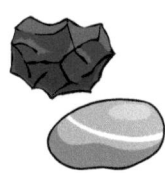

karhea / sileä
khwasha / reta

surullinen / iloinen
vaviseka / tsaka

lyhyt / pitkä
koma / leha

hidas / nopea
hlwela / hatlisa

märkä / kuiva
tsakama / oma

lämmin / viileä
kufumela / titimela

sota / rauha
nyimpi / kurhula

0

nolla

noto

1

yksi

n'we

2

kaksi

mbirhi

3

kolme

nharhu

4

neljä

mune

5

viisi

ntlhanu

6

kuusi

ntsevu

7

seitsemän

nkombo

8

kahdeksan

nhungu

9

yhdeksän

nkaye

10

kymmenen

khume

11

yksitoista

khume n'we

12

kaksitoista

khume mbirhi

13

kolmetoista

khume nharhu

14

neljätoista

khume mune

15

viisitoista

khume ntlhanu

16

kuusitoista

khume ntsevu

17

seitsemäntoista

khumbe nkombo

18

kahdeksantoista

khume nhungu

19

yhdeksäntoista

khume nkaye

20

kaksikymmentä

makhume mambirhi

100

sata

dzana

1.000

tuhat

gidi

1.000.000

miljoona

gidi ya magidi

englanti

Xinghezi

amerikanenglanti

Xinghezi xa Amerika

mandariinikiina

Xichayina xa Mandarin

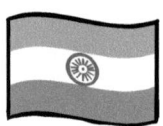

hindi

Xihindi

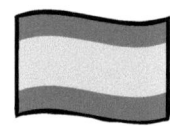

espanja

Xipaniya

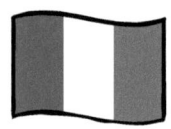

ranska

Xifurwa

arabia

Xiarabu

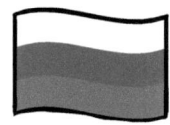

venäjä

Xirhaxiya

portugali

Xiputukezi

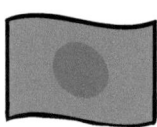

bengali

Xibengali

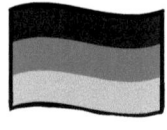

saksa

Xijarimani

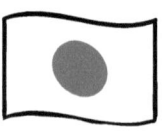

japani

Xijapani

minä
mina

sinä
wena

hän
yena / yena / xona

me
hina

te
n'wina

he
vona

kuka?
mani?

mitä / mikä?
yini?

miten?
njhani?

missä?
kwihi?

milloin?
rhini?

nimi
vito

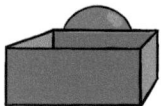

takana

endzaku

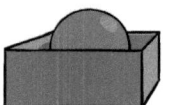

sisällä

ahehla

edessä

emahlweni a

yläpuolella

ahenhla ka

päällä

eka

alapuolella

ehansi

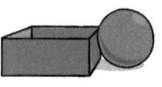

vieressä

handle ka

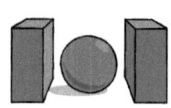

välissä

exikarhi ka

paikka

ndhawu